はじめに

　「先生」と聞いて、皆さんはどんなイメージを持つでしょうか。
　昔から勉強が得意な成績優秀者や、立派な人格者だけがなれる聖職をイメージするでしょうか。あるいは、大変な仕事、子どもと関わるなんて……といったネガティヴなイメージでしょうか。
　多くの方にとって、先生という職業は、職業の選択肢としては、身近に感じられない仕事かもしれません。
　けれど、「先生になることなんて考えたことがない」と思っていた方にも、ぜひ手に取っていただきたいと思い、この本を書きました。

　今、教育界は、さまざまな課題を抱えています。子どもたちが難しくなった、いわゆるモンスターペアレントといわれる保護者が増えた、勤務条件が悪くなった……悩みの種は後を絶ちません。
　けれども、教師が精一杯に向かっていけば、子どもたちは、必ず応えてくれます。学校は、そんな、やりがいのある職場であるとも言えるでしょう。

　「先生になりたい。けれども、自分には難しいのではないか」
　そう思っている方も多いようです。そんな声を耳にするたびに、私は残念な気持ちになります。教師に憧れながらも、その夢を諦めてしまう方の中には、教師になるのは非常に困難であると誤解している方が多いからです。

　教員免許を取得する方法はたくさんあります。そして、教員採用試験も学校種と地域を選んでいけば、それほど難しい試験ではなくなっています。
　たまたま話す機会があった方に、そのようなお話をすると、たいてい「知らなかった」「もっと情報発信をしてほしい」と言われます。採用試験のこのような状況は、私にとっては当たり前のことでしたので、わざわざ説明をするまでもないと思っていました。しかし、実はそうではなかったということに、最近気付いたのです。

誤解を恐れずに申し上げますと、公立学校の先生になるのは、それほど難しいことではありません。
　もちろん、実力がなくてもよいというわけではありません。努力をすることは求められます。けれどもそれは、とてつもない、一般の人には不可能といったような努力ではなく、努力を向ける方向をきちんと導いてくれる人がいれば報われる努力です。
　にもかかわらず、教師になるのは非常に困難という誤解のために、多くの人が教師という仕事を職業の選択肢から外してしまっています。

　今日の学校現場では、多様なバックボーンを持つ方を必要としていて、受け入れ体勢を整えています。しかし、情報が発信されていないために、全く別の分野から教員を目指す方はほとんどいないといってよいのです。これは大変残念なことだと思います。
　幼稚園や保育所といった幼児教育の現場で仕事をされていた方、子育ての経験がある主婦の方、社会人経験のある方などなど、多様な経験をお持ちの方が教師として教育現場に入ってきてくだされば、今の学校はよりよい方向に変わるのではないでしょうか。

　誰でも、なろうと思えば教師になることができるのです。
　本書では、「教師」という進路を考えたこともない、教員免許を持っていない方から、採用試験への再チャレンジを考えている人まで、ぜひ知っていただきたい情報を紹介しています。
　中学・高校の教員免許を持っている方や教育学部の卒業生など専門性のある方はもちろん、まったく教育学を学んできていない方に対しても、これから教師になろうと思えば、門戸は開かれています。
　学生時代に教員免許を取得していない、教員採用試験の倍率が高い、年齢制限にかかる、教育職の経験がないといったことを理由に、教師になることを諦める必要はないのです。

　こんな学生さんのケースがあります。

その方は当時40代、子育て経験のある主婦の方でした。教員免許はお持ちではありません。が、子育てを通じて小学校の教師になりたいと思い、大学編入予備校に入学されました。3年次編入をされ、2年間で教員免許を取得されました。はじめは非常勤でもよいと思っていたそうですが、大学4年次に教員採用試験を受験、見事に合格され、今は正規の教員として教壇に立たれています。小学校の先生ですので、もちろん担任を持たれています。

　また、ある学生さんは、一般企業で仕事をされていた30代の方でした。仕事を辞められた後に大学院受験予備校に入学、大学院に合格され、3年間で小中高すべての校種の専修免許を取得されました。同じく採用試験に合格されています。

　大学の通信制課程で学び、1年で教員免許を取得された方もいます。

　今日の日本社会で、30歳を過ぎて正規の安定した仕事に就くとしたら、教師しか思い浮かばなかった……このようにおっしゃって教師となった方もいます。

　ここに挙げたのは特別な例ではありません。多くのケースのうちの数例です。

　教員採用試験は、幅広い年齢、学歴、経歴に対して、開かれた試験なのです。

　本書では、現時点で、私が知っていることをお伝えしたいと思います。情報は、日々変わります。皆さんには、できるだけ新しい、より正確な情報にアクセスしていただきたいと思います。

　本気で教師になりたいと思われた方は、どうぞ遠慮なさらず、ご連絡ください（連絡先は巻末に掲載）。できるかぎりサポートしていきたいと思っています。

　教育は人の力に支えられています。やる気のある、能力のある方が、学校現場で働いてくださればば、今日の学校の状況は改善していくでしょう。みなさんが力を貸してくださることを願っています。

目次

はじめに ―――――――――――――――――――――― 3

1章　こんなに変わった教員採用試験

1　先生が足りない！ ――――――――――――――――― 12
2　合格しやすくなった教員採用試験 ―――――――――― 13
　◆倍率3倍台の公務員試験―教員採用試験 ············· 13
　◆教員採用試験の緩和措置①―年齢制限 ············· 14
　◆教員採用試験の緩和措置②―試験科目 ············· 17
　◆正規の教員経験を積むことの必要性 ··············· 18
3　モデルケース ―――――――――――――――――― 21
　モデルケース1　社会人経験はあるが教員免許がなかった30代男性 ···· 21
　モデルケース2　子育て経験のある、40代の主婦の方 ········· 22
　モデルケース3　一種免許を目指し在学中、力試しのはずの採用試験に合格
　　　　　　　　 ·· 23
　モデルケース4　小学校教員資格認定試験に合格、小学校に勤務 ······ 23
　モデルケース5　とにかく早く、教壇に立ちたい ············· 24
　モデルケース6　教職大学院の特別枠を活用して ············· 24
　モデルケース7　大学院在籍中に通信制大学も利用して小・中・高すべての
　　　　　　　　 教員免許を取得 ····························· 25
　モデルケース8　大学在籍中に通信制大学も利用して小・中・高すべての教
　　　　　　　　 員免許を取得 ······························· 26
　モデルケース9　主婦から、小学校の教師を目指して ·········· 26

2章　教員免許を取得するには

1　教員免許を手に入れる方法はたくさんある！ ――――― 30
2　教員免許の取得方法 ――――――――――――――― 30
　方法1　教育系の大学に編入する ····················· 30
　方法2　教育系の大学院に進学し「教員免許取得プログラム」を受講する
　　　　 ·· 33
　方法3　通信制大学に編入（入学）する ··············· 35
　方法4　科目等履修生で単位を取得する ··············· 37

―7―

方法5　教員資格認定試験を受験する……………………………… 39

3章　教員免許取得・採用試験対策のポイント

　1　教員免許取得のポイント ——————————————————— 44
　　①教育系大学への編入…………………………………………… 44
　　②教育系大学院への進学………………………………………… 46
　　③通信制大学への編入（入学）………………………………… 47
　　④科目等履修生での単位取得…………………………………… 47
　　⑤教員資格認定試験……………………………………………… 47
　2　教員採用試験のポイント ——————————————————— 49
　3　教育系論文の書き方 ————————————————————— 50
　4　教育系論文の分類 ——————————————————————— 50
　　①出題形式による分類…………………………………………… 50
　　②出題内容による分類…………………………………………… 51
　5　教育系論文の採点のポイントと注意点 ——————————— 53
　6　教育系論文の学習方法 ————————————————————— 57
　7　教育系論文の作成例 ————————————————————— 58
　8　志望理由書・研究計画書作成例 ——————————————— 70

4章　教師になるまでのQ＆A

　1　教師になるには？ ——————————————————————— 74
　2　教員免許取得について ————————————————————— 77
　3　教員資格認定試験について ——————————————————— 79
　4　教員採用試験について ————————————————————— 83
　5　教員の仕事や待遇について ——————————————————— 91

5章　資料編

　◆教員免許取得関係
　　資料1　小学校教員免許が取得できる編入可能な大学一覧 ——— 96
　　資料2　一種免許のない人が教員を目指せる大学院一覧 ————— 101
　　　◎教員免許がゼロから取得できる大学院一覧………………… 101
　　　◎他の免許取得者が小学校一種免許を取得できる大学院一覧
　　　　………………………………………………………………… 102

資料3　教員免許の取得できる通信制大学・大学院一覧【幼稚園・小学校】————— 103
資料4　教員免許の取得できる通信制大学・大学院一覧【中学・高校】————— 105
資料5　教員免許の取得できる通信制大学・大学院一覧【その他】—— 111
資料6　教職大学院一覧————————————————— 112
◆教員採用試験関係
　資料7　教員採用試験・競争率一覧——————————————— 113
　資料8　平成23年度受験年齢制限一覧—————————————— 136
　資料9　平成23年度小学校実技試験内容一覧———————————— 138
　資料10　少科目採用試験を実施している自治体と試験科目 ————— 144
　　　　◎少科目採用試験を実施している自治体の一覧……………… 144
　　　　◎採用試験に一般教養のない自治体の試験科目一覧………… 145
　資料11　社会人特別選考のある自治体一覧————————————— 148
　資料12　大学院進学者特例一覧—————————————————— 154
おわりに ————————————————————————— 161

1章　こんなに変わった教員採用試験

1 先生が足りない！

　以前、朝日新聞に「先生休むと代わりがいない　不足、昨年度は800件以上」（朝日新聞2011年1月10日付）という記事が掲載されました。
　今、首都圏や愛知、大阪といった都市部で、大量の教員不足が発生しています。教師が見つからないために、その科目の授業ができず、中間テストを実施することができなかったなどといった、驚くべき報道もあります。

　なぜ、このようなことが起こっているのでしょうか。
　表1に、「小学校教員の年齢構成」を示しました。表を見ると分かるように、少子化にも関わらず、本務教員（正規の教員）の数はむしろ増加しています。これは、少人数学級が設けられたり加配教員が配置されたりしたことなどから、より多くの教員が必要となったためです。

表1　小学校教員の年齢構成

区分	平成13年度	平成16年度	平成19年度
本務教員数（人）	387,098	388,664	389,819
合計	100.0	100.0	100.0
25歳未満	1.1	2.1	2.7
25～30歳未満	6.7	6.8	8.6
30～35歳未満	11.9	10.0	9.3
35～40歳未満	14.6	13.3	11.4
40～45歳未満	20.2	16.2	14.2
45～50歳未満	21.1	22.1	18.4
50～55歳未満	15.8	17.9	20.8
55～60歳未満	8.0	10.9	13.4
60歳以上	0.6	0.8	1.1
平均年齢（歳）			
計	43.4	44.1	44.4
男	44.0	44.8	45.2
女	42.9	43.7	43.9

注：小数点以下第2位を四捨五入しているため、計と内訳の合計が一致しない場合がある。
出典：文部科学省「学校教員統計調査──平成19年度結果の概要」(http://www.mext.go.jp/b_menu/toukei/chousa01/kyouin/kekka/k_detail/1278608.htm)

さらに、35人学級の議論も行われています。一人の教師の受け持つ人数が減れば、ますます教員は必要になります。これが正規の教員が増加した背景です。
　正規の教員となった人の中には、これまで臨時採用や非常勤講師として教壇に立っていた方々がたくさんいます。その結果、今度は臨時採用や非常勤講師を確保することが難しくなります。勤務する地域や所有する教員免許の学校種・教科、勤務日、勤務時間等の条件を満たす先生を見つけることができなかった場合、先に取り上げたような「授業ができない」というようなことも起こってしまうのです。
　教員の増員に関して言えば、以前と比較すると大幅に募集が増えています。これは、ここ数年、教員に大量の退職者が出ていることが原因です。先ほどの表を見てみましょう。教員の年齢構成はいびつなものになっています。この表に示されるように、教員の「高齢化」が進み、平成19年度では、最も多い年齢層は50代です。
　この50歳以上の方々が退職するまでの間、教員の大量採用が行われるでしょう。このような傾向は、特に都市部で顕著です。
　また、教員の大量退職は、いわゆる「団塊の世代」の問題だけではありません。団塊の世代が退職した後でも、しばらくは大量退職、大量採用が続くと思われます。

2　合格しやすくなった教員採用試験

◆倍率3倍台の公務員試験─教員採用試験

　教員増員の結果、教員採用試験の倍率は、かつてと比べると驚くほど下がっています。詳しくは資料編「資料7　教員採用試験競争率一覧」をご覧いただきたいのですが、小学校教員の場合、倍率が3倍台の地域も少なくありません。かつての、倍率が10倍を超えていた時代が嘘のようです。

　そしてこのことは、見方を変えれば、現代において、倍率3倍台の公務員試験がある、ということを意味しています。

今、公務員試験予備校には、受験生が殺到しています。そして、国家公務員、地方公務員を問わず、公務員試験は、非常に倍率の高い、難しい試験になっています。その競争を突破することは容易ではありません。
　しかし、教員採用試験の倍率は、たったの２倍台、３倍台なのです。
　公務員を目指している方が、どうして教員採用試験を受験されないのか、正直、私は不思議でなりません。

　ただ、教員採用試験の突破しやすさということから考えると、受験する学校の種類（校種）と受験地域を選んでいく必要があります。
　東北地方など、地方の教員採用試験は、今でも非常に高い倍率になっています。また、首都圏でも、中学校の社会、高校の公民などは、倍率が高く難関と言えるでしょう。
　では、どの校種、地域を選んでいけばいいのでしょうか。
　私自身は、首都圏をはじめとした三大都市圏の小学校教員採用試験を受けていくのがベストだと考えています。これらの地域の採用試験には、短大卒相当の二種免許保持者も、たくさん合格しています。

◆教員採用試験の緩和措置①──年齢制限

　一般に、採用試験において一定以上の倍率にならないと、良い人材を採用することは難しいといわれています。２倍台、３倍台の倍率では、低すぎるのです。ですから、首都圏をはじめとした三大都市圏の教育委員会では、教員採用試験の倍率を上げようと、いろいろと「努力」をしているようです。

　採用試験の倍率を上げるために、さまざまな緩和措置がとられています。これは、低倍率の校種・教科だけでなく、その自治体の採用全般に適用されるのが一般的です。
　緩和措置でまず注目されるべきは、受験者の年齢制限の緩和です。従来は、ほとんどの地域の受験資格に、35歳未満という年齢制限が定められていました。これが、相当緩和されています。
　平成22年度に実施された、「平成23年度採用の教員採用試験」の受験年齢

制限を表2に示したので、ご覧ください。

表2　平成23年度採用・教員採用試験の受験年齢制限（一般選考）

年齢区分	実施自治体数	実施自治体
制限なし	15県市	宮城県、山形県、新潟県、富山県、福井県、長野県、静岡県、愛知県、和歌山県、仙台市、横浜市、新潟市、静岡市、浜松市、堺市
51〜58歳	1県市	さいたま市
41〜50歳	14県市	青森県、岩手県、福島県、埼玉県、石川県、岐阜県、京都府、大阪府、兵庫県、鳥取県、島根県、名古屋市、京都市、大阪市
36〜40歳	32県市	北海道、茨城県、栃木県、群馬県、千葉県、東京都、神奈川県、山梨県、三重県、滋賀県、奈良県、岡山県、広島県、徳島県、香川県、愛媛県、高知県、佐賀県、長崎県、熊本県、大分県、宮崎県、鹿児島県、札幌市、千葉市、川崎市、相模原市、神戸市、岡山市、広島市、北九州市、福岡市
30〜35歳	4県市	秋田県、山口県、福岡県、沖縄県

出典：文部科学省「平成23年度教員採用等の改善に係る取組事例」（http://www.mext.go.jp/a_menu/shotou/senkou/1300325.htm）より筆者作成

　平成23年度選考の場合、一般選考でも「制限なし」の自治体が15県市あります。さらに、教職経験があれば、年齢制限はより緩和されます。これについては後述します。

　同様に、社会人経験者を対象とした社会人選考の場合も、年齢制限のさらなる緩和が見られます。ここ数年増加しているのが、民間企業等を経験された方の社会人特別選考です。民間企業や官公庁などで、3〜5年の勤務経験を持つ方が対象となります。このケースに該当する場合の年齢制限は、表3のようになります。

表3　平成23年度採用・教員採用試験の受験年齢制限（民間企業等経験者）

年齢区分	実施自治体数	実施自治体
59歳	7県市	東京都、神奈川県、川崎市、相模原市、三重県、佐賀県、宮崎県
49歳	7県市	群馬県、奈良県、徳島県、香川県、高知県、大分県、神戸市
40〜48歳	3県市	栃木県、長崎県、沖縄県
39歳	1県市	山口県

出典：文部科学省「平成23年度教員採用等の改善に係る取組事例」（http://www.mext.go.jp/a_menu/shotou/senkou/1300325.htm）より筆者作成

この「民間企業等経験者」の採用を実施している自治体とそれを実施していない自治体の年齢制限を一つの表にまとめてみましょう。「民間企業等経験者」の年齢制限緩和がなされている場合はその年齢区分に、緩和がなされていない場合は一般選考の区分によって掲載してあります。

表4 平成23年度採用・教員採用試験の受験年齢制限（民間企業等経験者＋一般選考）

年齢区分	実施自治体数	実施自治体
制限なし	15県市	宮城県、山形県、新潟県、富山県、福井県、長野県、静岡県、愛知県、和歌山県、仙台市、横浜市、新潟市、静岡市、浜松市、堺市
59歳	7県市	東京都、神奈川県、三重県、佐賀県、宮崎県、川崎市、相模原市
58歳	1県市	さいたま市
50歳	2県市	青森県、埼玉県
49歳	11県市	**群馬県、石川県、京都府、奈良県、鳥取県、徳島県、香川県、高知県、大分県**、名古屋市、**神戸市**
47歳	1県市	京都市
45歳	4県市	岐阜県、大阪府、兵庫県、大阪市
44歳	5県市	岩手県、福島県、**栃木県**、島根県、**長崎県**
40歳	6県市	千葉県、鹿児島県、沖縄県、千葉市、北九州市、福岡市
39歳	12県市	北海道、茨城県、山梨県、滋賀県、岡山県、広島県、**山口県**、愛媛県、熊本県、札幌市、岡山市、広島市
35歳	2県市	秋田県、福島県

注：太字は「民間企業等経験者」を示す。
出典：文部科学省「平成23年度教員採用等の改善に係る取組事例」(http://www.mext.go.jp/a_menu/shotou/senkou/1300325.htm) より筆者作成

　表4から分かるように、民間企業等経験者の場合は、14県市を除いて、40歳以上でも受験することができます。59歳以上という、年齢制限がないに等しい自治体も22県市あります。この中には首都圏の多くの自治体が含まれています。

　以上のように、教員採用試験の年齢制限は、大幅に緩和されているのです。

◆教員採用試験の緩和措置②──試験科目

　次に、教員採用試験の試験科目も、ずいぶん変わってきているということをお知らせしておきましょう。

　一般的に教員採用試験では、一般教養・教職教養・教職教養の筆記試験（多くは択一式）、論文、面接（個人・グループ、模擬授業・場面指導）、適性検査、実技、といったものが課されてきました。この試験科目にも変化が表れてきています。

　まずは、民間企業等経験者に対する試験科目の免除や特別選考の実施です。先に表3で紹介した民間企業等経験者に対する受験年齢緩和を実施している自治体では、すべての自治体で、試験科目の一部免除や特別選考を行っています。択一式の一般教養や教職教養が免除され、代わりに論文や面接が課されるといったものが多いようです。

　例えば東京都の、民間企業経験者に対する試験では、第1次試験で論文、第2次試験で面接しか課されていません。いわゆる学科試験や実技試験が実施されないため、そのための対策は不要なのです。なお、東京都では、一般枠での受験者に対しても、一般教養試験を免除しています。これも受験生にとっては、大きな負担軽減と言えるでしょう。

　このような試験科目の軽減は、学校種を問わずに実施されています。

　全教科を教えなければならない小学校の場合は、一般的には、音楽や体育で実技試験が課されます。内容は、オルガンの弾き歌い、リコーダー、水泳、ボール運動等々です。詳細は、資料編「資料9　平成23年度小学校実技試験内容一覧」に示しておいたのでご参照ください。

　ただ、ここ数年の傾向として、実技試験が廃止される自治体も増えています。実技試験を課さない自治体や、一部の実技を行わない自治体の一覧は次頁の表5のようになります。

表5　小学校の実技試験を行わない自治体と一部実技を行わない自治体の一覧

区分	実施自治体数	該当自治体
実技なし	5県市	東京都、神奈川県（H24年度選考より）、愛知県、川崎市、浜松市
水泳実技なし	11県市	埼玉県、東京都、神奈川県（H24年度選考より）、福井県、岐阜県、愛知県、岡山県、川崎市、浜松市、京都市、岡山市
水泳以外の体育実技なし	13県市	東京都、神奈川県（H24年度選考より）、石川県、福井県、愛知県、滋賀県、大阪府、島根県、川崎市、横浜市、浜松市、大阪市、堺市
音楽実技なし	18県市	群馬県、千葉県、東京都、神奈川県（H24年度選考より）、静岡県、愛知県、大阪府、愛媛県、さいたま市、千葉市、横浜市（H24年度選考より）、川崎市、浜松市、静岡市、名古屋市、京都市、堺市、神戸市

出典：文部科学省「平成23年度公立学校教員採用選考試験の実施方法について」（http://www.mext.go.jp/a_menu/shotou/senkou/1300238.htm）と最新の要項より筆者作成

　実技試験が全く課されない自治体はわずか5県市ですし、一部の実技試験をを行わない自治体も10県市強とまだまだ少数ではあります。しかし、ここに挙げた、実技試験を行わない自治体は、相対的に競争倍率が低い自治体でもあります。このような自治体に絞って受験していくという方法もあるでしょう。

　また、もし希望の自治体が実技試験を課しているとしても、あまり心配なさらないでください。例えば音楽実技は、事前に曲が指定されている場合がほとんどです。その一曲だけを熱心に練習すれば、クリアできる試験であるとも言えるのです。実際、私の教え子でも、ゼロからピアノを始めて、1カ月間、猛練習をして、実技試験を突破した人がいます。水泳実技も、タイムを競うというよりは完泳することがまず大切です。

　実技試験といっても、それほど恐れる必要はありません。努力すれば到達できるレベルです。

◆正規の教員経験を積むことの必要性

　ここまで、かつてよりも現在の方が、小学校教員になるのが簡単になっている、ということをご説明してきました。

　「でも私は、首都圏の小学校の先生ではなくて、実家のある地方に戻って、中

学か高校の教師になりたいから、どんなに首都圏の小学校教員が受験しやすくなったって関係がない」——このように思われる方もいらっしゃるかもしれません。
　けれども「関係がない」とは一概には言えません。

　地方の中学や高校の教員になりたい人が、その地域の教員採用試験に合格することができれば、当然、それに越したことはありません。しかし、地方における教員採用試験の倍率は、多くの地域でまだまだ高い傾向にあります。そしてそれが急激に緩和するかというと、残念ながらそうは思えません。

　しかし、他地域での教職経験があれば、地元の教員採用試験を受験する際に、試験科目の一部免除が受けられたり、特別選考の対象となったりするケースがあるのです。
　そしてこの場合、受験年齢制限が緩和されることがほとんどなので、自分の希望する自治体の試験を受験できるチャンスが増えるということにもなります。
　まず、表6に正規の教職経験がある場合の年齢制限の一覧を掲載したのでご覧ください。

表6　平成23年度採用・教員採用試験の受験年齢制限（教職経験者・正規）

年齢区分	実施自治体数	実施自治体
59歳	13県市	青森県、茨城県、埼玉県、千葉県、東京都、神奈川県、三重県、愛媛県、佐賀県、千葉市、川崎市、相模原市、大阪市
51～58歳	2県市	島根県、京都市
41～49歳	12県市	秋田県、福島県、栃木県、滋賀県、奈良県、山口県、徳島県、香川県、福岡県、大分県、神戸市、北九州市
40歳	1県市	沖縄県

出典：文部科学省「平成23年度教員採用等の改善に係る取組事例」(http://www.mext.go.jp/a_menu/shotou/senkou/1300325.htm) より筆者作成

　教員採用試験の倍率が低い傾向にある首都圏だけでなく、高倍率の地域でも年齢制限が緩和されているのが分かります。
　もともと一般選考で「制限なし」の自治体が15県市ありますので、正規の教職経験があれば、合わせて28県市の自治体が、年齢には関係なく受験生を受け

入れているということになります。

　教職経験による特別選考は、正規の教職経験だけではなく、他県市で常勤・非常勤講師の経験があればよいとされる場合があります。表7には常勤講師の経験がある場合、表8には非常勤講師の経験がある場合の受験年齢制限の緩和状況についてまとめておきました。

表7　平成23年度採用・教員採用試験の受験年齢制限（教職経験者・常勤講師）

年齢区分	実施自治体数	実施自治体
59歳	10県市	埼玉県、千葉県、東京都、神奈川県、三重県、大阪府、千葉市、川崎市、相模原市、大阪市
51～58歳	2県市	島根県、京都市
41～49歳	5県市	福岡県、北九州市、奈良県、徳島県、神戸市

出典：文部科学省「平成23年度教員採用等の改善に係る取組事例」（http://www.mext.go.jp/a_menu/shotou/senkou/1300325.htm）より筆者作成

表8　平成23年度採用・教員採用試験の受験年齢制限（教職経験者・非常勤講師）

年齢区分	実施自治体数	実施自治体
59歳	5県市	千葉県、東京都、千葉市、川崎市、大阪市
51～58歳	なし	
41～49歳	2県市	福岡県、神戸市、北九州市

出典：文部科学省「平成23年度教員採用等の改善に係る取組事例」（http://www.mext.go.jp/a_menu/shotou/senkou/1300325.htm）より筆者作成

　表7・8からは、正規の教職経験者だけでなく、常勤講師や非常勤講師経験者に対しても、受験年齢制限が緩和されていることが分かります。そしてこの場合も、多くの自治体で第1次試験が免除されたり、論文や面接に変更されたりしています。

　このような、教職経験者に対する特別選考の実施状況を考えると、まずは合格しやすい自治体で教職経験を積み、その後、本当に行きたい地元の自治体の教員採用試験を受験していくという方法もあるのではないかと思われます。

3　モデルケース

　ここまで読んでも「それでもやっぱり、合格する人は一部の能力のある人ではないの?」と思う方もいらっしゃるかもしれません。

　そんなことは全くありません。実際に何人か、私が出会ったケースをご紹介していきたいと思います。

◆モデルケース1◆
社会人経験はあるが教員免許がなかった30代男性

　Aさんは30代、大手企業で働くサラリーマンでした。職場で相応のポストを得て、活躍されていました。

　けれども、利益を追求する民間企業で働くことに疑問を感じ、自ら退職を願い出ました。

　退職して何をするか。後から話してくださったことですが、「教師になるしかなかった」といいます。

　独立開業をする意志がなく、30代後半で安定した仕事に就くとしたら、教員採用試験を受験するという選択肢しか思い浮かばなかったそうです。確かに、30代後半となると、公務員試験の年齢制限も超えており、一般企業の中途採用も難しい年齢です。

　しかし、Aさんは教員免許を持っていませんでした。そこでご自分なりにいろいろ調べ、大学院に入学することで、教員免許を取得することができるかもしれない、と大学院進学を考えるようになり、大学院受験予備校にお越しになりました。

　初めて彼に会ったときの印象は、正直、恐い雰囲気でした。それだけ切羽詰まっていたということだと思います。

　5月に面談に来られ、その後すぐに大学院受験予備校に入学し、7月には研究計画書の提出、8月に受験、そして見事に大学院に合格されました。

　大学院では、小・中・高のすべての校種の専修免許を取得。そして1年の臨

時採用講師を経て、翌年には小学校の採用試験に合格されました。

　Ａさんは、もともと教員免許もなく、勤務されていた業種も教育とは無関係のものでした。大学も教育学部というわけではなく、大学院入試はゼロからのスタートです。しかも、小学校の学校体験が「昔」のことになってしまっているため、現役の学生さんに比べると、圧倒的に不利です。

　それでも、教育系大学院に求められることを理解し、的確に対策をたてていくことによって、合格を勝ち取りました。

　適切な努力によって、畑違いの分野からでも教育系大学院に合格することはできるのです。

　そして、そのことはもちろん、教員採用試験にも言えることなのです。

◆モデルケース２◆
子育て経験のある、40代の主婦の方

　Ｂさんは、短大卒業後すぐに結婚、子育てを中心に過ごしていらっしゃいました。非常勤の仕事の経験はありましたが、常勤の仕事ではなかったため、教員採用試験を社会人特別選考で受験することはできませんでした。

　教師になりたいと思ったのは、ご自身の子育て経験を通してでした。年齢のこともあり、今から正規の教員は難しいだろうとは思ったものの、非常勤でもよいから学校で仕事をしたい、と思うようになったのだそうです。そして、そのためにまずは教員免許を取得しようと、大学編入予備校に入学されました。

　努力が実り、Ｂさんは３年次編入試験に見事合格、２年間の大学生活で教員免許を取得しました。

　編入先の大学では、一般枠で教員採用試験を突破しようと取り組む学生たちに囲まれていました。もともとは、非常勤でもよいから学校で仕事をしたいと思っていたＢさんでしたが、周りの流れに乗っているうちに、採用試験に合格してしまったそうです。

　いまＢさんは、小学校で担任を持ってご活躍されています。

◆モデルケース３◆
一種免許を目指し在学中、力試しのはずの採用試験に合格

　Ｃさんは、在籍していた短期大学で小学校の二種免許を取得されていました。
　しかし、すぐに教壇に立つ意思はなく、大学に編入して一種免許を取得したいということで大学編入予備校に相談に見えました。
　大学編入試験には見事合格。ここまでは、一般の受験生の方と同じなのですが、ここから先が異なります。
　Ｃさんは短期大学で小学校二種免許を取得していて、すでに教員採用試験の受験資格はあるので、大学４年次に受験する「本番」のための「力試し」のつもりで、大学３年次に小学校の教員採用試験を受験しました。その結果、なんと、その採用試験に合格してしまったのです。

　もちろん、大学は卒業したいし、一種免許も取得したい。Ｃさんは悩みました。
　けれども、来年もう一度受験し、採用試験に合格できる保障はありません。大学卒の資格を取ることや一種免許に変更することは、教師の仕事をしながらでも可能です。

　Ｃさんは、せっかく編入した大学ではありますが、退学し、今は教師の仕事をされています。
　将来、仕事が落ち着いたところで、大学卒の資格と一種免許を取得していくのだろうと思います。

◆モデルケース４◆
小学校教員資格認定試験に合格、小学校に勤務

　Ｄさんは、大学で中学・高校の教員免許を取得しました。小学校の免許も取りたかったのですが、卒業した大学では小学校の教員免許を取得することができなかったため、文部科学省が実施している「小学校教員資格認定試験」を受験しました。
　この「小学校教員資格認定試験」は、年に１回行われる試験です。第１次試

験、第2次試験、最終試験と3回にわたる試験に合格すれば、小学校教員の二種免許を取得することができます。教育実習や介護等体験も不要です。
　Dさんはこの試験に見事合格。小学校の教員採用試験にも合格され、今は特別支援学校の小学部に勤務されています。

◆モデルケース5◆
とにかく早く、教壇に立ちたい

　Eさんは、大学卒業後、企業に就職しましたが、いつからか、小学校教師になりたいと思うようになっていました。

　ただ、Eさんは、中学・高校も含めて、全く教員免許を持っていません。
　そのような場合、先にご紹介したAさんのように、大学院に進学するという方法があるのですが、これだと、受験準備を含めて4年間がかかります。大学院に進学すれば専修免許を取得できるというメリットがあるのですが、Eさんは、それよりも、少しでも早く教壇に立ちたいと考えました。4年間、仕事をほとんどできないというのも厳しい、そう考えたEさんは、できるだけ最短で、そしてできれば、アルバイトででも仕事をしながら教員免許を取得できる方法として、通信制大学で教員免許を取得する道を選択しました。

　一般に通信制大学で単位を取得することは容易ではありません。けれどもEさんは、1年半の在籍期間で教員免許を取得することができました。
　全くゼロからでも、教育実習や介護等体験をこなして、1年半で教員免許を取得することができるのです。

◆モデルケース6◆
教職大学院の特別枠を活用して

　Fさんは、中学か高校の教師になりたい、そのためには大学院に進学するのがよいだろう、と漠然と考えた段階で、大学院受験予備校に相談に見えました。
　Fさんは、小学校ではなく、中学か高校の教師になりたいとの意思が強かったので、教職大学院の受験をお勧めしました。その理由は、教職大学院を修了すれ

ば、大学院によっては、教育委員会と提携していて、特別枠の採用試験を受験できる場合があるからです。倍率の高い公立の中学・高校の教員採用試験を突破するためには、この方法が最も現実的ではないかと私は考えています。

さらに、Fさんが志望する地域では、修士1年で採用試験に合格した場合、修士2年修了まで採用者名簿の登載を延長することができます。これなら修士1年で採用試験に合格した場合でも、大学院を中退する必要はありません。

Fさんは、修士1年で見事に採用試験に合格。
1年間、採用者名簿の登載期間を延長されましたので、大学院を修了してから正規の教員として教壇に立つことが決まっています。

◆モデルケース7◆
大学院在籍中に通信制大学も利用して小・中・高すべての教員免許を取得

憧れの大学に大学受験では入学できなかったGさん。大学院受験予備校で対策をして、大学院受験で再チャレンジしたところ見事合格。ご自身の満足する大学院に進学されました。

憧れの大学に入学したものの、ひとつ困ったことがありました。それは、大学院から入学した場合、その大学院では小学校の教員免許を取得することができないということです。学部から入学した場合は、小学校を含むすべての教員免許を取得することができるのですが。Gさんは、もともと小学校の教員になりたいと思っていたのです。

そこで、Gさんは、通信制大学の科目等履修生をすることで、小学校の教員免許を取得する道を選びました。

無事、2年間で教員免許を取得され、修士2年次に教員採用試験に合格、4月から小学校の教壇に立たれています。

◆モデルケース8◆
大学在籍中に通信制大学も利用して小・中・高すべての教員免許を取得

　Hさんのケースも、Gさんのケースと重なります。

　Hさんは高校時代に、小・中・高すべての教員免許を取得できる、教育学部への進学を目指してきました。しかし、残念ながら合格することができず、入学した大学では、中学・高校の教員免許しか取得できませんでした。

　Hさんは、どちらかというと、小学校の教師になりたいと思っていました。そこで、現在在籍する大学で中学・高校の教員免許を取得する一方で、通信制大学の科目等履修生になって小学校の教員免許を取得する方法を選択しました。
　大学に通うかたわら、1年半の学習期間で、小学校の教員免許取得に必要な単位を取得しました。
　中学校と小学校の両方で教育実習も終え、あとは教員採用試験を受験するだけ、という段階になっています。

◆モデルケース9◆
主婦から、小学校の教師を目指して

　小学校2年生を筆頭に、3人のお子さんを育てているIさん。子育てを通じて小学校の教師になりたいと思うようになりました。

　大学院進学や大学編入も検討したのですが、幼稚園に通っている下のお子さんの送り迎えを考えると、通学するには時間的な問題があってあきらめざるを得ませんでした。
　そこでIさんは、自宅で学べる通信制大学に入学されました。1年半〜2年間の学習期間で、小学校と特別支援学校の教員免許の取得を目指して、学習を詰まれています。
　Iさんのように、子育てをしながら教員免許を取得していくことも、十分可能なのです。

以上、できるだけ多様なケースをご紹介してきました。

教育と全く関わってこなかった人でも、社会人になってからでさえ、教員免許を取得できること、さらには教員採用試験に合格して教師として実際に仕事ができるということをイメージしていただけたでしょうか。

教員免許を取得するだけでなく、実際に就職につなげることも、それほど難しいわけではないということをご理解いただければと思います。

小学校教員採用試験にチャレンジ

東京都教員採用試験教職教養問題平成23年度

問1　次の記述ア〜オは、日本国憲法または教育基本法の条文である。このうち、日本国憲法の条文を選んだ組合せとして適切なものは、下の1〜5のうちのどれか。

ア　すべて国民は、法律の定めるところにより、その能力に応じて、ひとしく教育を受ける権利を有する。

イ　教育は、人格の完成を目指し、平和で民主的な国家及び社会の形成者として必要な資質を備えた心身ともに健康な国民の育成を期して行われなければならない。

ウ　国及び地方公共団体は、義務教育の機会を保障し、その水準を確保するため、適切な役割分担及び相互の協力の下、その実施に責任を負う。

エ　良識ある公民として必要な政治的教養は、教育上尊重されなければならない。

オ　公金その他の公の財産は、宗教上の組織若しくは団体の使用、便益若しくは維持のため、又は公の支配に属しない慈善、教育若しくは博愛の事業に対し、これを支出し、又はその利用に供してはならない。

1　アウ、2　アオ、3　イウ、4　イオ、5　エオ（正答2）

2章　教員免許を取得するには

1　教員免許を手に入れる方法はたくさんある！

　教員になるには教員採用試験もあるし、それよりもまずは教員免許を取るのが大変……そう思う方が多いかもしれません。
　けれども、教員免許を手に入れる方法はひとつではありません。
　あなたが社会人か学生か、何らかの教員免許を持っているのか、あるいは全くゼロからのスタートなのか、それこそ人によって状況はさまざまだと思います。
　そしてみなさんが、それぞれの立場を生かして、自分が最も取得しやすい方法で免許を取得すれば、教員免許を取るのはそれほど難しいことではないのです。
　では、実際にどんな方法があるのか、ご紹介しましょう。

2　教員免許の取得方法

方法1
教育系の大学に編入する

　もしあなたが、短期大学卒、あるいは大学1年か2年に在籍されている場合は、教育系大学への編入というのが、ひとつの有力な選択肢だと思われます。
　大学2年生や3年生などにいきなり入学できる大学編入は、一般的な試験ではないので、あまり知られていないかもしれません。けれども、国公立大学の教育学部を中心に、相当数の大学で実施されています。詳しくは資料編「資料1　小学校教員免許が取得できる編入可能な大学一覧」に掲載しておきました。
　もちろん、多くの場合、1年生から入学した一般の学生と同じように、卒業時には教員免許を取得することができます。ただし、編入生に限って、人数に制限があったり、教育に関連する他の資格（例えば保育士など）が取得できない場合もありますので、出願の段階で確認をしておくことが必要です。

　具体的なターゲットは、国公立大学の教育系学部です。これらの大学に編入学すれば、ほとんどの場合、小・中・高のすべての校種の教員免許が取得できます。

私は、この「すべての校種の教員免許を取得する」ということが重要だと思っています。

　例えば、東京都の場合、中学か高校の教師になりたい場合に受験する採用試験では、中高両方の教員免許を取得していることが必要になってきます。
　その理由は、教員採用試験の募集が中高一括で行われるため、例えば高校の教師になりたいという意思を持っている場合でも、中学・高校の両方の教員免許を所持し、共通の採用試験を受験していかなければなりません。多くの私学の場合も同様です。そして実際に、中学・高校の教員免許は同時に取得することが容易です。

　では、小学校の教員免許はなぜ必要なのでしょうか。
　中学や高校の採用試験を受験する段階で、小学校の教員免許が必須とされているケースは、群馬県のような一部の自治体を除いては、ほとんどありません。
　しかし、実際の教育現場では、小・中学校の管轄が同じ教育委員会であることから、特に地方では、小・中の両方の教員免許を持っている受験生が望まれているように思われます。実際に、鹿児島県のように、「小・中両方の教員免許をお持ちの方を求めています」と教員採用試験の募集要項に明示しているところもあります。採用する側としては、複数の教員免許を所有する受験生の方が教員配置の際に好ましいという判断がなされているのではないかと思われます。
　この点をもっとはっきり明示している自治体もあります。
　例えば佐賀県では、小・中両方の教員免許を取得している者に対して、合計200点の第1次試験の専門試験Ⅰ・専門試験Ⅱで、上限10点までの加点申請ができることになっています。

　また、小学校を受験する場合にも、中学校の教員免許を取得していれば、第1次試験のうち一般教養・教職科目が免除されるという自治体もあります。埼玉県の場合は、「小学校得意・特技特別専攻」で数学、理科、音楽、体育、英語の免許所有者が該当します。
　たとえ教える意思がなくても、複数の教員免許を取得していることが採用試験

の受験時に有利に働く、ということがあるわけです。

近年、小・中一貫教育を行っている自治体もあります。教育特区制度を利用した、小学校6年、中学校3年という学校区分ではなく、例えば4年、3年、2年といった区分をとっているケースです。このような場合、小学校か中学校のいずれかの教員免許しか所有していないと、教えられない学年が生じてしまいます。その場合、もう片方の教員免許を取得するよう、教育委員会から指示されることもあるようです。現場で働きながら教員免許を取得することはできますが、取得する機会があるのであれば、積極的に取得しておかれた方がよいでしょう。

以上のことを踏まえると、すべての校種の教員免許を取得しておかれることは大切なことだと思うのです。この意味で、すべての校種の教員免許が取得できる国公立大学の教育系学部への進学は、非常に魅力的だと思います。

ただし、国公立大学の教育系学部に編入される場合には、4つのクリアしなければならない課題があります。

第1に、入試が難関だということです。国公立大学の編入試験は、大きく分けると、英語、専門論文、面接等になります。出題傾向が変わったり、併願したりすることを考えると、1つの対策だけでは不十分ですので、それなりの学習量が求められます。

第2に、国公立大学の教育系学部の多くは2年次編入が主だということです。出願資格はたいていの場合、短大卒か大学に2年以上在籍していることです。にもかかわらず2年次編入ですから、大学を卒業までにプラス1年の5年間かかってしまうことになります。

第3に、これは大学に編入する場合は当然のことなのですが、特に社会人の場合、仕事を辞めなければならないことです。大学に在籍している間は、学費が発生するだけでなく、その間、働いていたら入ってくるはずの収入がなくなるということも計算しておく必要があるでしょう。

そして、第4に、国公立を目指される場合は、多くは地方の大学ということになりますので、転居を迫られる可能性があるということがあげられます。もちろん、都市部の私学でも教員免許を取得できる大学はあるのですが、小学校の教

員免許やすべての校種の教員免許を取得できる大学は、都市部にはそう多くはありません。取得できる大学でも、中・高の科目が偏ってしまっています。

　このように、教育系大学に編入する場合には、いくつかの課題があります。
　しかし、第1の点は、しっかり学習をすることでクリアすることが可能です。大学編入予備校でしっかり学習された学生さんの多くは、希望の大学に進学されています。
　第2、第3、第4の点は、現在の編入学試験の実施状況、大学での教員養成制度上、いかんともしがたい部分です。
　けれども、このような点を差し引いたとしても、すべての校種の教員免許を取得できることは、魅力的なのではないでしょうか。

方法2
教育系の大学院に進学し「教員免許取得プログラム」を受講する

　通常、大学院でゼロから教員免許を取得することはできません。
　よく大学院のパンフレットの「取得できる資格」欄に「＊＊学校教諭専修免許」と書かれていることがありますが、これには注意が必要です。専修免許を大学院で取得する場合には、たいてい、一種免許をすでに取得していることが条件とされているからです。

　けれども、「教員免許取得プログラム」というような名称のプログラムが設置されている場合には、この限りではありません。このプログラムでは、ゼロからでも、確実に教員免許を取得できるようなカリキュラムが組まれているので、大学院で無理なく教員免許を取得することができます。
　ただ、この場合、取得単位数が大幅に増えますので、3年間の長期履修制度をとっている大学院が多いと思われます。

　長期履修制度とは、社会人などを対象に、決められた修業年限より長く在籍できる制度です。また、この制度は、追加の学費が必要となる留年とは異なり、3年目に追加の学費を納める必要はなく、2年分の学費を3年で分割します。で

すから、3年間大学に通うのは2年次編入と同じですが、2年次編入よりも学費負担の面で軽減されると思われます。

　ただ、「教員免許取得プログラム」が設置されている大学院自体は、それほど多くはありません。資料編「資料2　一種免許のない人が教員を目指せる大学院一覧」をご覧ください。この一覧からも分かるように、プログラムを設置している大学院はそれほど多くはなく、地方の大学院に限られています。この点が難点でしょう。
　それでも私は、大学4年生や学士の方で、教育系の大学編入か、教員免許取得プログラムのある大学院か迷っているようでしたら、大学院進学を勧めることが多いように思います。
　その理由を、以下に3点挙げます。

　まず第1に、昨今議論されている教員養成6年制を意識しているからです。
　大学院に行かなければ教員免許が取得できない制度になるかどうかは、まだまだ未知数の部分があります。もし教員養成6年制が実施されたとしても、遡って、学部で取得した教員免許の位置付けが変わるということはないと思います。しかし、6年制が実施された場合、ご自身の後輩として、修士課程修了者ばかりが採用されてくることになります。それを考えると、同じ期間をかけるのであれば、大学院に進学した方がよいだろうというわけです。

　第2に、現段階においても、大学院修士修了時に取得できる専修免許には魅力があると考えています。
　もちろん、公立の教員採用試験では、所有している教員免許の種別（専修・一種・二種）によって合否に影響が出るわけではありませんし、短大卒相当の二種免許でも学級担任を持つことはできます。
　けれども、校種によっては、専修免許が必須になってきます。それは、私学の中高一貫校です。
　私学の中高一貫校では、募集時に「専修免許取得者」と明示しているところも少なくありません。このような学校に勤務したいと思われている方は、修士課程

を修了し、専修免許を取得するのがよいと思います。
　また、公立の教員の場合、修士課程を修了していれば、基本給に上乗せがされます。

　そして最後、第3の理由として、大学院入試は編入試験に比べて、圧倒的に受験準備の負担が少ないということが挙げられます。
　教員免許取得プログラムを実施している大学院には、入学試験で英語を課していない大学院もあります。そのような大学院に受験校を絞れば、専門試験の勉強と研究計画書の作成、口頭試問のみで受験することができます。

　なお、先の大学編入試験にも共通することですが、実技教科でも、入試で実技試験は一般的には課されません。例えば、全くピアノが弾けなくても、音楽の教員免許を取得できる大学・大学院に進学することも可能なのです。もちろん、ピアノが弾けない音楽の先生は困りものですが、入学時の実技の水準には自信がなくても、大学院在学中にしっかりと実力を付けていきたいというやる気のある方に対しては、受験のチャンスは開かれていると言えるでしょう。

方法3
通信制大学に編入（入学）する

　「3〜4年間も仕事をしなかったら生活していけない」「今住んでいる地域から離れることはできない」。社会人の方からは、そのような相談をよく受けます。
　このような場合には、通信制大学への編入（入学）という方法があります。
　通信制大学の魅力は、仕事と両立しながら教員免許を取得することができる、ということです。後で述べますが、少なくとも教育実習までは、仕事と両立することは十分可能です。

　通信制大学で学習すれば、大学を卒業されている方であれば、条件が整えば最短1年、一般的には1年半、余裕を持っても2年の学習期間で教員免許を取得することができます。例えば、10月に通信制大学に入学します。そして翌年7月の教員採用試験を受験し、その次の4月から教壇に立つことも十分可能なの

です。

　また、通信制大学で取得した教員免許は不利なのではないか、というご質問を受けることがありますが、そのようなことはありません。
　通信制大学は正規の大学ですから、そこで取得した教員免許は通学制大学で取得した教員免許と同等なものです。通信制大学で教員免許を取得し、実際に教壇に立っておられる方もたくさんいらっしゃいます。

　通信制大学のメリットの第1は、好きな場所・時間に学習できるということです。通信制大学の学習は、自宅でのテキスト学習とレポート提出、科目修了試験の受験、週末や夏期休業中に行われるスクーリングの受講、ということになります。試験やスクーリングは、大学にもよりますが、主に週末に行われますので、土日に通学ができれば、有給休暇の範囲内で単位を取得することができるかと思います。
　ネックとなるのは、教育実習や介護等体験などの実習です。教育実習は2〜4週間、介護等体験は1週間、平日に実習を行う必要があります。この部分で仕事を辞めざるを得ないという方もいらっしゃるようです。
　ただ、これらの実習期間についても、職場の理解が得られれば、仕事を続けながら教員免許を取得することは可能です。相当ハードな仕事を続けながら、1年で60単位以上を取得され、教員免許を取得したというケースも実際にあります。

　通信制大学のメリットは、実はもう一つあります。それは、自由な時間を利用して教育の現場に触れることができる、ということです。
　今、学校では、有給・無給を問わなければ、教員免許を取得していない人でも、さまざまな仕事をすることができます。通信制大学で学ぶ学生さんたちで常勤の仕事についていない方の多くは、学童保育や学校ボランティア、あるいは有給の非常勤の指導補助という立場で学校に関わっています。
　ある学生さんは、年度始めの小学校1年生の指導補助に入られました。はじめは漠然としか教師になることを考えていなかったようですが、この指導助手の

経験の後、教師になりたいというお気持ちが、以前よりも強く明確になったといいます。「またあの子たちに会いたい」。そう思いながら、学習に励んでいるとのことです。

また、学童保育の指導員をしながら小学校教員免許の取得を希望している学生さんは、現場での子どもとの関わりと大学で学ぶ理論とを相互に関わらせながら学ぶことができるといいます。現場で起こった子どもの様子を大学に持ち込み、また、大学で学んだ理論の視点を持って現場での実践に取り組んでいらっしゃいます。

今、通学制の大学・大学院で、学校へのインターンシップ、長期の教育実習等の取り組みがなされています。しかし、通信制大学で学ぶ学生さんの多くは、すでにそのような形で学んでいらっしゃるといってもよいでしょう。

もちろん、通信制大学では通学制の大学のように、長時間の講義を受けることはできません。

けれども、1人でも学ぶ力を身に付け、常に現場と往復しながら学ぶことで、通学制大学で教員免許を取得された方に勝るとも劣らない実力を付けていけるのではないでしょうか。

方法4
科目等履修生で単位を取得する

大学・短期大学を卒業されている方の場合は、科目等履修生として大学で学ぶことで、教員免許取得に必要な単位を取得することができます。科目等履修生は、通学・通信のどちらでも可能です。

科目等履修生には、一般的には、正規の学生になるために突破しなければならない入学試験がないので、敷居が低いと言えるかもしれません。

特に、教員免許取得に必要な単位を、大学で一部取り残してしまった方の場合は、科目等履修生で十分取得できる可能性があります。

ただし、この方法は、教員免許取得に必要な単位が全くない方にはあまりお勧めできません。

というのは、教員免許取得に必須となる教育実習が、科目等履修生では行えな

い場合があるからです。多くの大学では、その大学の卒業生に限り、科目等履修生でも教育実習が行えるようですが、すべての大学がそうだというわけではありません。また、介護等体験については、卒業生であっても科目等履修生では行えないというのが一般的であると思われます。事前に確認が必要です。

　加えて、科目等履修生の場合、必ずしも、希望の科目をすべて履修できるとは限らないのが現状です。特に小学校の教員免許取得に必要な実技系の科目には、定員が設けられている場合があります。ですから、科目等履修生で教員免許を取得される方は、必要な単位が確実に履修できるかどうかを、事前に確認をしておく必要があります。

　なお、科目等履修生で単位を取得し、教育委員会に個人申請をして教員免許を取得される場合は、大学で一括申請する場合よりも、取得単位が少なくてすむことがあります。

　さらに、大学で一括申請する際には、個々の大学で「必修」となっている科目は必ず履修する必要がありますが、個人申請の場合には、代わりとなる他の科目で申請することもできます。

　どの単位を取得する必要があるかについては、個人申請をされる予定の教育委員会で相談することができます。

　科目等履修生の制度を利用される方の多くは、すでに何らかの教員免許を取得されている方だと思います。特に、中学や高校の教員免許を取得されている方が、同校種の他教科の教員免許を取得する場合には、教育実習は不要ですから、たいてい1年間の学習期間で他教科の教員免許を取得することができます。

　複数の教科の教員免許を取得するということも、これから教員採用試験を受験する方にはお勧めしたいと思います。

　確かに、学習は大変かもしれませんが、複数教科の教員免許を取得していることで、加点や筆記試験の一部免除を実施している自治体もあります。このような教員採用試験の優遇措置も魅力的ですし、可能性も広がりますので、ぜひともチャレンジしていってください。

方法5
教員資格認定試験を受験する

　比較的短期間で教員免許を取得できる方法として通信制大学をご紹介しましたが、それでも、教育実習や介護等体験で最低でも通算3週間、最長で通算5週間、実習等に従事しなければなりません。この期間を確保することが、特にお仕事をお持ちの方の場合、難しいと思われます。

　教師になれるか分からないのに仕事を辞めるのは不安だ…そのような声もよく耳にします。そういう方にお勧めしたいのが、文部科学省が実施している「教員資格認定試験」です。

　この制度を利用すれば、フルタイムの仕事を続けながら、あるいは小学校の教員免許を取得できない大学に在籍しながら、小学校の教員免許を取得することが可能になります。

　「教員資格認定試験」は、あまり知られていないようです。

　この制度は、広く一般社会人や教員免許を取得できない大学に在籍している学生に対して、小学校や特別支援学校の教師になる道を開くためのものです。

　この試験で取得できる教員免許は、平成23年7月現在、小学校二種免許、幼稚園二種免許（要「保育士」としての3年以上の経験）、特別支援学校一種免許になります。

　小学校教員資格認定試験を例に、教員資格認定試験についてご紹介します。ただし、小学校教員資格認定試験は、現在、休止の検討が行われているようです。広く社会人に門戸を開くものですので、もし本当に休止が決まってしまったとしたら、非常に残念なことだと思います。

　認定試験の受験資格は、「大学（短期大学を含む）に2年以上在学し、かつ62単位以上を修得した者及び高等専門学校を卒業した者等」「高等学校を卒業し、試験実施年度4月1日における年齢が満20歳以上の者」のいずれかに該当する者、となっています。

　つまり、高校を卒業した20歳以上であれば、大学に通わずに、この試験に合格するだけで、教員免許を取得することができるのです。

認定試験は3回にわたって行われます。それぞれの試験内容は以下のとおりです。

小学校教員資格認定試験の実施方法

第1次試験

区分	内容	方法
一般教養科目	人文科学、社会科学、自然科学及び外国語〔英語〕に関する事項	筆記試験（択一式）
教職に関する科目（Ⅰ）	教育原理、教育心理学、特別活動、生徒指導等教職に関する専門的事項	筆記試験（択一式）
教職に関する科目（Ⅱ）	小学校の各教科の指導法及びこれに付随する基礎的な教科内容（ただし、受験にあたっては、音楽、図画工作及び体育の各教科のうち、2教科以上を含む6教科を9教科の中からあらかじめ選択すること）	筆記試験（択一式）

第2次試験

区分	内容	方法
教科に関する科目	小学校の各教科に関する専門的事項（9教科の中から1教科をあらかじめ選択して受験すること）	筆記試験（論述式）
教職に関する科目（Ⅲ）	音楽、図画工作及び体育（音楽、図画工作及び体育の3教科について第1次試験において受験したもののうち2教科をあらかじめ選択して受験すること）	実技試験
口述試験	小学校教員として必要な能力等の全般に関する事項	口述試験

指導の実技に関する事項に係る試験

内容	方法
小学校教員として必要な指導の実践に関する事項	授業観察、指導案作成、討論等

認定試験で教員免許を取得して教員採用試験に挑戦される場合、最短1年で教壇に立つことができます。合格までのスケジュールは、以下のようになります。これは、2010年度のデータをもとに作成したものです。教員採用試験の日程は、代表的な自治体のものを記載しました。

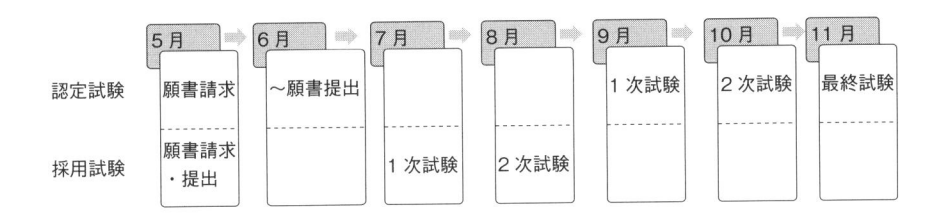

	5月	6月	7月	8月	9月	10月	11月
認定試験	願書請求	〜願書提出			1次試験	2次試験	最終試験
採用試験	願書請求・提出		1次試験	2次試験			

　まず、5月に「認定試験」と「採用試験」の願書を請求します。そして、5月〜6月にかけて「認定試験」「採用試験」の出願をします。この段階で、受験年度の翌年の3月末の「小学校教員免許取得見込み」という「採用試験」の受験資格を満たすことができます。

　7月に「採用試験」の第1次試験を受験します。そして、第1次試験に合格された方は8月に「採用試験」の第2次試験を受験することになります。

　9月には「認定試験」の第1次試験になります。第1次試験は、マークシートの試験です。この試験は、満点の6割以上の得点で合格になります。いわゆる競争試験ではありませんので、合格率・倍率を気にする必要は一切ありません。

　「認定試験」の第1次試験に合格したら、10月に第2次試験です。第2次試験は、あらかじめ選択した1教科に関する論述試験、音楽・図画工作・体育からあらかじめ選択した2教科の実技試験と口述試験になります。論述と実技、口述試験はどのように対策したらよいのか分かりづらいこともあり、受験生の皆さんは、かなり苦労されているようです。この段階で不合格になってしまう方も少なくありませんので、きちんとした対策が求められます。

　第2次試験に合格すると、11月に最終試験である「指導の実践に関する事項に係る試験」が実施されます。この試験では、授業観察、指導案作成、討論等が行われます。

　これですべての試験は終了です。

　3次にわたる「認定試験」、2次にわたる「採用試験」とハードではありますが、これらの試験を突破すれば、翌年の4月に正規の教員として教壇に立つことができます。

　その試験の回数の多さから、「できるわけがない」と思われてしまう方もいら

っしゃるかもしれません。しかし、そんなことはないのです。

「認定試験」と「採用試験」の出題傾向は類似しています。

ですから、7月までは教員採用試験の対策を中心に行い、採用試験が終わったところで、採用試験に重ならない部分の認定試験の対策を行っていく、という学習方法がよいと思われます。

このように対策をしていけば、5月に両試験に出願して、翌年4月に正規の教員になるということも、十分に実現性のある計画です。

以上、述べてきましたように、教員免許を取得する方法はさまざまです。

では、どれがいちばん良いのですか。このような質問をされることもよくあります。

これに対しては、一般的な答えはありません。その方の希望、現在取得している単位、将来の希望、等々により答えはさまざまだからです。アドバイスする方向性は、その方によって異なってきます。

迷っている方は、ぜひ、ご相談にいらしてください。すでに何らかの単位を取得されている方は「学力に関する証明書」をお忘れなく。

小学校教員資格認定試験にチャレンジ

教職に関する科目（Ⅱ）体育、平成21年度

問3 『小学校学習指導要領解説 体育編』（平成11年5月）において、第3学年・第4学年で取り上げる「F 保健」領域の内容の組合せとして正しいものを、次のアからオの中から一つ選んで、記号で答えなさい。

ア けがの防止 病気の予防
イ 病気の予防 心の健康
ウ 育ちゆく体とわたし 毎日の生活と健康
エ 心の健康 育ちゆく体とわたし
オ 毎日の生活と健康 けがの防止

（正答はウ）

3章 教員免許取得・採用試験対策のポイント

これまで述べてきたように、教員免許を取得するためには、①教育系大学への編入、②教育系大学院への進学、③通信制大学への編入（入学）、④科目等履修生での単位取得、⑤教員資格認定試験の受験、といった方法があります。

　教員免許を取得する第一歩として、まずは①〜⑤のいずれかの方法、すなわち大学・大学院で学ぶ、もしくは認定試験に合格して、教員免許を取得しなければならないのです。

　そして、実際に教員になるには、教員免許を取得してから「教員採用試験」に合格する必要があります。

1　教員免許取得のポイント

①教育系大学への編入

　この方法で教員免許を取得する場合、ポイントとなるのは大学へ編入するための編入学試験です。ここでは試験の傾向をご紹介します。

　教育系大学への編入試験では、A 英語、B 専門論文（用語説明、提示された文章を読んでの論述、提示された図表を分析しての論述、テーマを提示されての論述等）、C 数学、D 国語（現代文、古文）、E 志望理由書、F 口述試験、の中から一つ、あるいは複数が課されます。

A　英語の出題傾向

　一般的な大学入試の問題の他に、長文を読解し、部分的に和訳する問題が出題される傾向にあります。出題される文章は教育学に関するものであることが多いため、教育学の専門用語を的確に訳すことができるかも重要になってきます。

B　専門論文の出題傾向

　専門論文は、様々な出題パターンがあります。

　用語説明は、教育学を学ぶ上で必須の用語について、数行で説明を求めるものが多く出題されています。具体的には、教育史や教育心理学、教育制度に関する用語、時事問題に関する用語などです。

提示された文章を読んでの論述試験の場合には、数行から数頁にわたる文章が提示されます。このタイプの出題に対応するためには、まず、出題された文章の意味を理解することが必要です。正確に文章を理解した上で、その文章の主題に関わりながら論述していくのがよいでしょう。なお、これらの文章は、必ずしも教育学の分野から出題されるとは限りません。一般的な文章や、明らかに他分野に関する文章の場合もあります。いずれにせよ、正確な読解力と論述していく力が求められます。

　提示された図表を分析して論述する場合も、文章が提示される場合と同様に、まずは図表の正確な読みが求められます。その上で、論述をしていきます。

　また、テーマを提示されて、それについて論述させるものも、多く出題されています。この問題に対応するには、何といっても、そのテーマに関する知識を持っているかどうかが重要になってきます。確実な知識を前提に議論していく必要があります。

C　数学の出題傾向

　高校の数学ⅡBを教科書レベルで理解していれば十分対応できる問題です。高校のときに文系だった方でも合格ラインに達することは可能です。

D　国語の出題傾向

　国語（現代文、古文）は、A4判で1頁あたりの文章を読解して設題に答えるものです。大学受験基礎レベルの問題集を解いておけば対応できます。

E　志望理由書の傾向

　数行からA4判数枚にわたるものまで、大学によってさまざまですが、たいていA4判1枚程度です。この場合は、「編入学しようと思ったきっかけ」「編入学後に学びたいこと」「その大学・学部を志望する理由」「卒業後の進路」の4段落構成で書いていくと書きやすいでしょう。ただしこれは、事前に準備をすることができますので、それほど心配なさらなくてもよいと思います。

F　口述試験の傾向

　口述試験もたいていの大学で課されます。面接官の人数は、受験生1人に対して1人～2人の場合から、学科の教員全員があたる場合まで多岐にわたります。配点も、参考程度のところから、提出した書類と口述試験のみで合否が判定される大学まで、その重要度もさまざまです。

②教育系大学院への進学

　この方法で教員免許を取得する場合のポイントとなるのは大学院入試です。
　教育系大学院の入学試験では、A 英語、B 専門論文（用語説明、提示された文章を読んでの論述、提示された図表を分析しての論述、テーマを提示されての論述）、C 研究計画書、D 口述試験、の中から一つ、あるいは複数が課されます。
　大学編入試験との違いは、志望理由書の代わりに、あるいはそれに加えて研究計画書の提出が求められること、数学や国語については、その教科を専門とする場合以外は出題されないことです。

A　英語、B　専門論文の出題傾向

　A 英語、B 専門論文の試験の概要については、①教育系大学への編入をご参照ください。

C　研究計画書の傾向

　数行から A4 判数枚にわたるものまで、大学院によってさまざまです。ただしこれは、事前に準備をすることができますので、それほど心配なさらなくてもよいと思います。

D　口述試験

　口述試験もたいていの大学院で課されます。面接官は、受験生1人に対して1人～2人の場合から、研究科（コース）の教員全員があたる場合まで多岐にわたります。参考程度のところから、提出した書類と口述試験のみで合否が判定される大学まで、その重要度も大学院によって異なります。

③通信制大学への編入（入学）

通信制大学で教員免許を取得する場合のポイントとなるのは単位取得です。

通信制大学へ編入（入学）する場合の入学審査は、一部、面接が課される場合もありますが、たいていの場合は書類審査のみです。この書類には志望理由等を書く箇所もあり、難しそうに感じるかもしれませんが、きちんと準備をしておけば、合否に関しては、それほど心配する必要はないでしょう。

編入（入学）のハードルはそれほど高くない通信制大学ですが、編入（入学）してから単位を取得することが難しいようです。

単位を取得するためには、Ａスクーリングの受講、Ｂレポートの提出、Ｃ試験の受験、のすべて、もしくはいずれかが必要です。特に、レポートをコンスタントに提出していくことが難しい学生さんが多いようです。

レポートの課題は、編入学試験や大学院入試の専門論文の出題傾向と重なる部分もあります。分量と求められるレポート数は大学によって異なり、1000字程度の大学もあれば、3000字を超える大学まであります。

④科目等履修生での単位取得

科目等履修生になるには、各大学で事前の手続きが必要です。試験が課されることはあまりありません。科目等履修生になった後は、通常の学生と同じように講義を受けて、単位を取得していくことになります。

⑤教員資格認定試験

次に、教員資格認定試験についてです。ここでは「小学校教員資格認定試験」に絞って述べておきたいと思います。

小学校教員資格認定試験では、択一式の「一般教養」と「教職に関する科目」、論述式の「教科に関する科目」、その他には「実技試験（音楽、図画工作及び体育のうち２教科）」「口述試験」「授業観察、指導案作成、討論」が課されます。論述試験は、「教科に関する科目」であることが特徴的です。

小学校教員資格認定試験の対策は、択一式の「教職に関する科目」でどの教科を選択するのか、ということから始まります。教科によって、学習量が相当異なるからです。学習開始時の得意科目で教科を選択するのではなくて、合格点に達

するまでに必要な学習量で選択していくことをお勧めします。

　第1次試験対策としては、教員採用試験に準ずる対策をしていくことがまず求められます。各教科の出題への対策としては、学習指導要領の学習が大切です。そして、過去問で演習をしていきます。ただ、過去問の中には、教員採用試験対策本や一般的な教育学事典に掲載されていないような問題が含まれていることが時々あります。そのような問題は、深入りしない方が賢明です。この試験は競争試験ではありませんので、オーソドックスな問題を確実に解くことを、まず優先しましょう。

　第2次試験対策としては、実践記録や指導案等を読んで、具体的な実践のイメージを持たれるとよいでしょう。

小学校教員資格認定試験にチャレンジ

　教職に関する科目（Ⅰ）平成21年度
問5　次の1から5のうち、教育基本法（平成18年12月22日法律第120号）の記述として<u>不適当なもの</u>の組合せを、下のアからオの中から一つ選んで、記号で答えなさい。
1　国及び地方公共団体が設置する学校は、特定の宗教のための宗教教育その他宗教的活動を、教育上尊重しなければならない。
2　すべて国民は、ひとしく、その能力に応じた教育を受ける機会を与えられなければならない。ただし、人種、信条、性別、社会的身分、経済的地位又は門地によって、教育上差別することは認められなければならない。
3　教育は、不当な支配に服することなく、この法律及び他の法律の定めるところにより行われるべきものである。
4　国民一人一人が、自己の人格を磨き、豊かな人生を送ることができるよう、その生涯にわたって、あらゆる機会に、あらゆる場所において学習することができ、その成果を適切に生かすことのできる社会の実現が図られなければならない。
5　国民はその保護する子女に、12年の普通教育を受けさせる義務を負う。

ア　1-2-4、イ　1-2-5、ウ　1-3-4、エ　2-3-5、オ　3-4-5
（正答はイ）

2　教員採用試験のポイント

　教員採用試験は各自治体が実施している試験ですので、その内容は自治体によって異なっています。代表的な試験内容としては、A 筆記試験、B 論作文試験、C 面接試験、D 実技試験、E 適性検査が挙げられます。それらのすべて、もしくはいくつかが実施されます。

A　筆記試験
　一般的な知識を問う一般教養、教職に関する知識を問う教職教養、志望する校種・教科に関する内容について問う専門試験が課されます。多くは択一式で実施されています。また、一般教養を実施しない自治体もあります。

B　論作文試験
　教育論や実践的な指導方法等について論作文を書くことが求められます。これを通じて、受験生の人物像や教師としての考え方・資質を評価することになります。

C　面接試験
　個人面接・集団面接・集団討論・模擬授業・場面指導など、さまざまな形態で行われています。
　近年、教員としての資質が問われていることから、重視される傾向にあり、複数の形態の面接を組み合わせて実施している自治体もあります。

D　実技試験
　小学校の音楽や体育、中学校・高等学校の英語・音楽・体育等の教科で実施されています。最近では、実技を課さない自治体もあります。

E　適性検査
　特性を判断するために、クレペリン検査等を実施している自治体もあります。

3 教育系論文の書き方

　ここまで見てきたように、大学編入試験や大学院入試では専門論文、通信制大学ではレポート、教員資格認定試験の２次試験では「教科に関する科目」、そして実際の採用試験では論作文試験が課されます。つまり、教育系論文が共通して実施されているのです。

　もちろん、要求されるレベルの違いはありますが、基本的な書き方については同じです。ここからは教育系論文の対策について述べていきたいと思います。

4 教育系論文の分類

①出題形式による分類

　まずは、教育系論文の出題傾向を出題形式で分類してみましょう。主な出題形式は、次の３つになります。

1) 提示された文章を読んでの論述

　文章が示され、それを読んで意見を述べたり要約したりすることが求められます。下線部について説明するといったタイプのものもあります。60分で600字〜800字の小論文、あるいは要約＋小論文400字〜600字、90分だと1200字〜1500字程度といったものが一般的です。

　文章が提示されている場合には、まずは、その文章の内容を理解しなければなりません。内容をきちんと把握できているかどうか、まず読解力が評価されます。その次に、論文自体の論述力が評価されます。最初の段階で提示された文章に対して見当違いな解釈をしていると判断されてしまったら、良い評価は期待できません。

2) 提示された図表を分析しての論述

　表・グラフなどを分析して、設題についての論述を求めるタイプの出題です。

例えば、少子高齢化や不登校の推移に関するグラフなどが資料として提示され、それについての論述が求められます。

表やグラフも文章が提示されている場合と同様に、読み取りのポイントがあります。それをきちんと把握できているかが重要です。

提示される図表はさまざまですが、専門書や白書からは頻繁に出されます。ですから、基本文献や白書等に掲載されている基本的な図表については、事前に目を通して分析しておくことも大切です。

3) テーマを提示されての論述

「○○について論じなさい」という形式の出題です。○○には1つの言葉のみ入ることもありますし、数行にわたって説明文が付されることもあります。教育系論文では最も一般的な出題の形式です。

これらの論文に対しては、出題内容に関する専門的な知識が求められます。教育学の基本的な文献を読むことに加えて、日頃から教育関係の話題に関心を持つことが大切です。

②出題内容による分類

次に、出題内容から分類してみましょう。通信制大学のレポート課題では、以下のすべての分野から出題されていますが、他の試験では、多少の偏りがないわけではありません。

それぞれの出題内容の特徴を理解し、求められていることを的確に述べていく力を付けていきたいものです。

1) 教育学の知識を問う出題

教育系大学の編入試験や教育系大学院の入試で出題されることが多いようです。

はじめてこのタイプの問題に触れた方の多くは、正直、「手が出ない」と思われるかもしれません。けれども実は、このタイプの出題こそ、学習をしておけば得点に結び付くのです。

このタイプの出題の場合には、求められる知識がある程度固定されているので、その領域に絞った学習が可能です。加えて、何を書けば正解となるかも大体

決まっています。このように、ある意味では「答え」が見えやすい問題だからこそ、学習をしておけば確実に得点できるのです。

2）教育に関する時事的な出題

　教育系大学の編入試験や教員採用試験で多く出題される傾向にあります。編入試験においては、試験日の1か月前の話題が出題されたことも過去にはありますので、コンスタントに情報収集をしながら学習していく必要があります。

　1年以上、前の話題であれば、時事問題のキーワード集などを使って学習していくことができますが、1年を切ってしまうと、それはちょっと難しいです。

　そのようなときに役に立つのが、やはり新聞、そして雑誌です。

　新聞を読むのはもちろんですが、教育系の雑誌を定期購読して、今、何が話題になっているのか、しっかりと押さえておく必要があります。

3）教師としての資質を問う出題

　教師としての資質を問う問題は、教員採用試験では必ずと言ってよいほど出題されています。加えて、教育系大学院の入試でも必須の課題です。

　このタイプの出題の場合には、この知識を暗記すればよいという範囲があるわけではありません。ですから、どこから手を付けていったらよいのか、不安になってしまう方も多いでしょう。

　このタイプの出題に対応するための、直接的な特効薬はありません。一般的に語られている教育論ではなく、自分の言葉で教育論を語れるようになること、そして、多くの教育実践記録を通して、いろいろな現場の先生方から学び、自らの教師観を豊かにしていくことが、遠回りなようで近道なのかもしれません。

4）具体的な指導法についての出題

　具体的な場面を設定し、どのように指導するのか、どのように声をかけるのかを問う問題も、教員採用試験や教育系大学院の入試では出題されています。

　このタイプの出題も、直接的な「答え」はありませんし、暗記しておけばすぐに答案作成に生かせる「知識」があるわけでもありません。

　このタイプの出題に対しては、一般論ではなく、具体的に答えることが必須で

す。具体的に答えられるようになるためには、先程も挙げましたが、やはり教育実践記録を読むことが大切なのではないかと思います。魅力的な現場の先生の実践から多くのことを学ぶことができますよ。

5) 指導案作成等、具体的な授業展開に関する出題

　教員採用試験や教員資格認定試験では、指導案を実際に作成するといった、具体的な授業の展開についての出題も多くなされています。

　指導案の作成には、ある種の「慣れ」が必要です。教材と学年が指定されたら、それが学習指導要領のどの部分に該当するのか、そこでは子どもたちに何を獲得させるのか、そういったことがすぐにイメージできなければならないのです。

　そして、全科に共通する指導案作成にあたってのルールの他に、教科ごとの「流儀」もあります。このあたりも押さえていくことが求められます。

　対策としては、やはり多くの指導案を読み込んでいくことが大切でしょう。教科書の指導書に掲載されている指導案を読んだり、教科教育法の本などに掲載されている授業記録を分析したりすることで、授業、そして単元の計画の仕方を学んでおいてほしいと思います。

5　教育系論文の採点のポイントと注意点

　教育系論文の採点のポイントとは何でしょうか。
　先に述べたような、各出題の意図に応えることが重要です。その上で、留意すべきことを以下に述べておきます。

1) 十分な知識を持っているか

　専門分野に関連した出題の場合には、そのテーマを論ずるときに欠かせない論点をきちんと押さえているか、十分な知識を持っているかが問われます。先に挙げた「②出題内容による分類」の「1) 教育学の知識を問う出題」のようなタイプの出題の場合には、この点が必須です。

　加えて、「2) 教育に関する時事的な出題」のようなタイプの出題の場合も、

十分な知識を前提とした上で、自分の考えを展開していくことになります。知識がないと、どうしても分析が浅くなってしまうものです。

2) 具体的な教育実践のイメージがあるか

先に挙げた「②出題内容による分類」の「3）教師としての資質を問う出題」「4）具体的な指導法についての出題」「5）指導案作成等、具体的な授業展開に関する出題」のようなタイプの出題には、「これが正解」という解答があるわけではありません。十分な知識を前提とした、その人らしい教師像、指導法、授業計画が求められていきます。

論文を書くにあたっては、具体例を挙げながら展開していくことが重要です。例えば「子どもに寄り添う」といっても、それだと抽象的すぎて、実際にはどのようにするのか、読み手には伝わりません。実際の子どもや指導場面を想像しながら、具体的な指導法、声掛け、発問まで考えられるようになっていってほしいと思います。

3) 論文構成について

このように、出題内容によって評価の観点が異なってくる部分もありますが、共通して重要な採点のポイントも、もちろんあります。それは、論文構成です。

一般的には、序論・本論・結論の構成で、論理的に展開することが基本とされます。採点者はまず、この構成に注目します。極端な採点者だと、序論と結論だけを見て、序論の問題提起に結論が対応しているかどうか、内容が妥当かどうかを確認して、それが不適切と評価されたらその時点で、答案全体を読むことなく不合格にするケースがあるともいいます。

さらに、文章作法に則っているか、誤字脱字はないか、字数は足りているか、などが基本的な採点のポイントです。

もうひとつ、気をつけたいのは、読みやすい字で書くことです。字が乱暴で読みにくい答案は、それだけで大きく損をしています。

こういった基本的なことをクリアしてから、先に述べたような、出題の意図に応じた内容の深浅が問われます。論点の設定や知識の有無、題材の選択や考察に

あたってしっかりとした根拠が示されているか、納得できる結論になっているか、問題意識や問題解決方法が明確に示されているか、といった点です。

　論文作成において、オリジナリティはもちろん大切です。ただ、実際に採点にあたっている方は、採点者を驚かせるような独創性に満ちた答案はごくわずかだとおっしゃいます。奇をてらわずに、まずはしっかりとした構成で書くように心がけていくことが必要なのではないかと思います。

4) 構成メモの作成を
　途中で論旨がずれたり、最初と主張が変わったりしては、良い評価は得られませんから、最低でも、終始一貫した主張をすることが大切です。そのためには、まずはメモを作って構想を練ります。よく考えずに、いきなり書き出して失敗することがないように気をつけましょう。
　構成メモを作るときには、各段落の意味（序論・本論・結論）を意識して、書きたい内容を整理していきます。メモをとった上で、結論→序論→本論の順に考えていくと構成の整理がしやすいと思います。
　構成メモをチェックするときには、序論と結論の対応を意識します。問いと答えの形で対応しているか、確認しましょう。また、同じ内容を表すには、同じ表現を使うこと。論旨の一貫性が明瞭になります。
　また、結論では、本論のまとめをすることが大切です。結論で新しいことを付け加えると、論旨がずれてしまったように見えるので避けたいところです。書きたいことは本論で書ききってしまいましょう。

5) 論文の構成例
　論文の構成例は以下のとおりです。

○**出題形式による分類**
・提示された文章を読んでの論述
　序論：課題文の要約、問題提起
　本論：具体例、意見、理由

結論：本論のまとめ、問題提起の答え

・提示された図表を分析しての論述
　序論：資料の読み取りのまとめ、問題提起
　本論：具体例、意見、理由
　結論：本論のまとめ、問題提起の答え

・テーマを提示されての論述
　序論：前置き（定義、話題、現状）、問題提起
　本論：具体例、意見、理由
　結論：本論のまとめ、問題提起の答え

○さまざまな構成パターン例
・一般的な構成
　序論：問題提起（問題の設定、論点・観点の提示）
　本論①：意見
　本論②：論拠（なぜ、本論①のように考えるのか）
　結論：問題提起の答え、意見のまとめ

・身近なテーマ向きの構成
　序論：問題提起
　本論①：具体例（「例えば〜」意見の根拠になるような例を挙げる）
　本論②：意見（本論①で取り上げた例から言えること、個人的な体験を社会的なレベルで解釈する）
　結論：問題提起の答え、意見のまとめ

・賛否が分かれているテーマ向きの構成
　序論：問題提起
　本論①：予想される反論「確かにAと言えるだろう」
　本論②：意見「しかし、Bである」（その根拠を明らかにする）

結論：問題提起の答え、意見のまとめ

・長所・短所の比較検討を行う場合
　序論：問題提起
　本論①：長所と短所、自分の重視したい方を後に述べる
　本論②：意見（どのような視点から重視するかについて検討）
　結論：問題提起の答え、意見のまとめ

・理論的な考察を行う場合
　序論：問題提起
　本論①：具体例
　本論②：理論的な検討（具体例の持つ意味を理論で検討）
　結論：問題提起の答え、意見のまとめ

・対策を示す場合の構成
　序論：問題提起「（〜の視点から）〜の対策について論じる」
　本論①：社会的な背景、原因
　本論②：原因を解消する対策と有効性についての検討
　結論：まとめ「〜に対しては〜の対策が有効であると考える」

　もちろん、必ずしもすべての問題がこの構成パターンで書けるわけではありません。出題の意図を把握して、適切な構成をつくるようにしましょう。

6　教育系論文の学習方法

　教育系論文の学習方法としては、添削指導を受けることがベストだと思います。自分では自信を持って書いていても、他者が見ると論旨が独りよがりだったり、感情的であったり、抽象的で何を言っているのかよく分からないということが、実はありがちだからです。

特に多いのが、論文ではなくて、単なる作文や感想文になってしまっている例です。つまり、自分の感じたことをダラダラと書きつないでいるだけで、論理的な論文構成になっていないというものです。

　また、言葉の使い方を誤っていたり、誤字脱字があったりするのも問題です。それらについても、文章作法をわきまえた指導者の添削指導で指摘を受けることが最適といえます。もちろん、添削された答案はしっかりと見直して、書き直しておきましょう。

　ただし添削を受けるには、まず自分で答案を作成できるだけの基礎学力がなければなりません。それを身に付けるには日頃の努力が大切になります。

　まずやるべきことは、題材集めや情報収集です。毎日の新聞には必ず目を通し、題材になりそうなものは切り抜きをして題材ノートを作ります。また、社説やコラム、投書欄などもチェックし、要約と、それについての意見を書く練習をすることです。新聞は、論文の書き方を学習する上での「生きた教材」と言えるでしょう。

　新聞に加えて一般図書や専門書、教育実践などからも、ノートを作っていきます。たくさんの本をどんどん読み、感銘を受けたところ、自分にとって新たな知識となったことなどを、ノートにまとめておくと役立ちます。

　また、ボランティアなどの個人的な体験、知人や両親から聞いた話などで心に留まることがあれば、やはりノートに書き留めておくようにしましょう。

　このようにして作った題材ノートに日頃から目を通しておくと、実際の試験本番で困らずにすむでしょう。

7　教育系論文の作成例

　ここからは、教育系論文の作成例を見ていきたいと思います。実際には、先ほど挙げた出題形式や出題内容の分類のどれかにはっきり当てはまる形だけではなく、いくつかが融合したような形で出題されることもあります。なお、問題は、一部改題しています。

○教育系論文例1

出題：今後の教員養成にとって最も重要だと思われることを1つ取り出して、その重要性を論じなさい。

解答例

　多岐にわたる深刻な教育問題が多発する中で、教育実践の担い手である教師の資質能力の向上が求められている。この期待に応えるため、文部大臣から「新たな時代に向けた教員養成の改善方策について」の諮問を受けた教育職員養成審議会によって、3次にわたる一連の「答申」が提出されている。
　第1次答申（「新たな時代に向けた教員養成の改善方策について」）では、教員に求められる資質能力を検討し、期待される「教師像」が明らかにされている。続く第2次答申（「修士課程を積極的に活用した教員養成の在り方について」）では、第1次答申で求められた教員の資質能力を一層高め、得意分野づくりと個性の伸長を促進して、高度な実践的指導力を有する質の高い教員の確保のための方策が提言されている。そして第3次答申（「養成と採用・研修との連携の円滑化について」）では、「求める教員像」といった教師像をめぐって積極的な表現がなされている。
　それでは、これからの教師に求められる資質能力とは何か。答申では、「得意分野を持つ個性豊かな教員」「現場の課題に適切に対応できる力量ある教員」が求められる教員像として掲げられている。このような教員像を目指して、教員養成や現職教員の研修において様々な取り組みがなされている。
　教員養成に関わっては、学部の教員養成課程の再編が進められていることがあげられよう。また、大学院修士課程の活用も目指されている。伝統的に日本の大学はアカデミズムが根強く、高度専門職業人養成のための体系的なカリキュラムが編成されていないという問題が残されているものの、積極的に改革を行う大学も現れている。また、「教職専門職大学院」も創設され、今後ますます、修士課程段階での教員養成が重要となってくるものと思われる。こうして、明治以来の聖職、戦後教職員組合主導の労働者的教師を経て今日では、専門職的教師像が定着してきている。

では、専門職としての教師はどのような教師像なのであろうか。
　どのような専門職的教師像が目指されているかということは、今後の教員養成にとって最も重要だと私は考える。教師像という目標の内実によって、教員養成に関わる実践の内実が変わってくると思われるからである。専門職像の一つのイメージとして本稿では、D.ショーンの「反省的実践家」としての教師像に注目しておきたい。
　ショーンによれば、従来の専門職モデルは、「技術的合理性」モデルであった。このモデルによれば、「専門家の活動は、科学的な理論と技術を厳密に適用する具体的な問題解決」（ショーン：2001：19頁）にあるという。したがって、専門性の基礎は専門領域の科学的な知識と技術の成熟度に置かれる。教師の場合、教科内容の専門的知識と教育学や心理学の科学的な原理や技術が専門的力量として求められることになる。
　しかし、このような科学的で合理的な技術の実践への適用という考え方に基づく専門職概念ではなく、「行為の中の省察」を中心的な概念とする「反省的実践家」という専門職像をショーンは提起している。教育の現場で考えるならば、教室や学校という場は、複雑な文脈の場である。そこでは、一人ひとりの子どもに即した問題解決が求められるのであり、ショーンがいうような「省察」と「熟考」によって問題をとらえ、その解決策を選択して判断することが、教師の専門性としてきわめて重要だと思われる。
　このような教師像は、専門職としての教師を確立する上で、一つの指針となるだろう。その上で、教員養成のあり方を具体的に考えていくことが必要なのではないだろうか。

引用・参考文献
ドナルド・ショーン著、（佐藤学・秋田喜代美訳）、『専門家の知恵──反省的実践家は行為しながら考える』ゆみる出版、2001年

○教育系論文例2

出題：日本の学校体系における複線型から単線型へ、およびその単線型から実質的な複線型への移行について、中等教育の機会均等の観点を含めて論じなさい。

解答例

　複線型学校体系とは、国民の身分・階級などによって、複数の学校体系が並立し、それらの複数の学校体系の間は相互に連絡しない、すなわち、途中でそれぞれの体系から別の体系に移行することはできない学校体系である。一方、単線型とは、身分・階級の差別のない、単一の学校体系をいう。

　日本学校制度の出発点は、「学制」（1872年）であるが、この時点では、単線型を採っていた。しかしその後、1881年の「中学校教則大綱」によって、小学校6年終了後の中等教育は、小学高等科・実業系諸学校へ進学する道と、中学校・高等女学校へ進む道とに分岐するようになった。後者は、大学に接続する少数のエリート用となっていて、前者は、よくても師範学校（女子は、女子師範学校）までにとどまることになっていて、圧倒的多数が前者に該当するという形であった。

　戦後は、日本国憲法第26条の教育を受ける権利、教育基本法第3条の教育の機会均等に基づき、中等教育における進路を一本化し、六三三四制の単線型となり、中学校（前期中等教育）は義務制となった。これは中等教育の機会均等が図られた形である。しかし、71年の中教審答申（四六答申）以降、財界の要請も踏まえ、中等教育の多様化が求められるなどして、高等専門学校・専修学校など後期中等教育の複線型が進んだ。今日においては、公立学校の中高一貫教育校が新設されるなど、さらに複線化が進みつつあるといわれている。

　今日の実質的複線化においては、身分や階級、社会的・経済的な割り当て的進路選択でないことで、かろうじて機会均等は保たれている形である。いずれにしても、1970年代以降、複線型の中等教育が拡大することで、いわゆる機会の平等を基準とする機会均等が再び問われてきていると言えるだろう。

○教育系論文例3

出題：能力別学級編成について説明し、それについてのあなたの考えを述べなさい。

解答例

　能力別学級編成とは、学力テストの結果などを用いて、能力の同じような者だけを一緒にして学級編成を行うことである。それぞれの学級は同じような能力の者だけなので、等質学級と呼ぶこともある。それに対して、様々な能力の子どもたちがいる通常の学級は、混合能力学級や異質集団とも呼ばれる。実際には能力別学級といっても、学力以外の面、例えば計画性、社交性、あるいは努力、忍耐力、表現力、記憶力等々の面で異なる子どもの集団となっている。知能指数（IQ）や主要教科（国語、数学など）での学力にもとづく総合成績で能力別学級編成（ストリーミング、トラッキング）を行う場合と、教科・科目ごとに編成替えをする場合（セッティング）とに大別される。

　我が国においては、一般に平等を重視する傾向があり、能力別学級編成は生徒に無用な劣等感や優越感を植え付け、差別・選別の教育につながるという理由から、戦後しばらくはその導入には慎重であった。ところが、1970年代以降、完全に大衆化した高等学校に入学する生徒の学力格差が大きくなり、「習熟度別学級編成」という用語で、事実上の能力別学級編成がその対策として注目され始めた。1971年の中央教育審議会の答申では「個人の特性に応じた教育方法の改善」として学習の「個別化」が強調され、78年の高校学習指導要領改訂のさい、学習習熟度別学級編成が提唱された。また中学校では、89年の学習指導要領の中で、「生徒の実態等に応じ、学習内容の習熟の程度に応じた指導など個に応じた指導方法の工夫に努めること」と述べられている。

　能力別学級編成は、能力・学力を固定的に見たり、生徒の劣等感・優越感を助長したりするのではなく、各人の可能性を開花させるものであれば、教育的なものではないかと私は考える。そのためには、総合成績で能力別学級編成を行うのではなく、教科による得意・不得意をもとに、少なくとも教科別の編成を行い、各教科・各単元ごとにきめ細かい指導を行うための能力別

学級編成を進めていく必要があろう。

○教育系論文例4

出題：子どもたちの理科離れが指摘されている。このことについて日ごろどのような学習指導の工夫をすればよいだろうか。

解答例
　日本の子どもたちは、他の諸国に比べて、理数関係の職業に就きたいという割合が低く、また、理数系の知識が日常生活に役立っていると思う子どもたちの割合も低いと指摘されている。このような日本の子どもたちの「理科離れ」はなぜ生じているのだろうか。また、この実態を改善するために、どのような学習指導上の工夫をしていく必要があるだろうか。そのためにはまず、日本の子どもたちの理科離れの背景について検討してみる必要がある。
　日本の子どもたちが理科に興味や関心を持てない理由としては、学校で行われている理科の授業が生活とかけ離れていることが挙げられるのではないだろうか。本来子どもは、生き物をはじめとした理科の内容には関心を持っている。しかし、学校で進められる理科の授業は、どんどん難しくなっていき、関心を失うのではないかと思われる。
　もう一方で、子どもたちの生活体験も貧しくなっている。最近は、生き物に触りたがらない子どもも増えているという。そのような中で、理科の学習基盤が形成されていないと言うこともできよう。それゆえに、理科の授業を学んでいても、実生活とつながらないことから、関心を持ちにくいのではないかと思われる。
　理数関係の仕事に就きたいと希望する割合が低いという点では、科学技術の高度な進歩と理科が結び付いていないということも予想される。例えば、私たちの日常生活に欠くことができない携帯電話であるが、これは電磁波といった電波の問題など、理科的な基盤なしには存在しえないものである。理科的な進歩によって私たちの生活が豊かになっているのだが、そのような技術の進歩と理科とを結び付けて考えられないことも、理数系の仕事に就きた

いと希望する生徒の割合が少ないことと関係していると思われる。
　では、このような現状を踏まえて、日ごろ教師は、どのような学習指導の工夫をしていけばよいのであろうか。
　まずは、生活と理科の関連を意識した学習指導が有効ではないだろうか。
　例えば、冬場の結露や夏にグラスの周りに付く水滴は、飽和水蒸気量の具体例である。単に飽和水蒸気量について教えるだけではなくて、身近な現象と結び付けて教えていくことによって関心を引き出すことができよう。
　また、いかに科学技術が我々の生活を豊かにしているのか、といった問題についても触れていきたい。先に紹介した携帯電話の他にも、技術の進歩によって生活が豊かになった面が多い。電気自動車など、理科的な進歩によって環境問題が改善されることも期待される。このような具体的な技術を積極的に紹介していくことも必要である。
　ただし、必ずしも科学技術の進歩は良い点ばかりがあるわけではない。生物分野では、遺伝子組み換えやクローン技術、出生前診断や脳死段階における臓器移植といった倫理的な面で未解決な問題も多い。このような課題もあることを併せて教えることで、これほどまでに発展したとしても、科学は発展途上であることを伝えられるのではないだろうか。
　先日、子どもたちと理科の実験を行った。水に入れた卵は沈むが、濃い食塩水には卵は浮くというものである。では、濃い砂糖水だったら？　子どもたちの多くは「浮かない」と答えた。海ではプールよりも浮かびやすいので、食塩水では浮くと思ったのかもしれない。
　実験をして、当然、卵は浮いた。そして子どもたちは、近くにあるいろいろなものを浮かべ始めた。マジックのキャップ、定規、マジックそのもの……。大歓声が上がった。
　砂糖水で卵が浮くと考えられなかった子どもたちは、「食塩水ならば卵は浮く」という暗記型の理科の知識しか持っていなかったのだと思われる。密度という概念で理解していなかったのはないだろうか。
　私が実験を行った子どもは小学校1年生だったので、もちろん、密度の詳しいところまでの説明はできなかった。けれども、このような具体的な驚きの体験を持ち、問い続けることで、理科への関心を持つことができるので

はないだろうか。このような具体的な教育方法を理科の授業に取り入れていきたいと考える。

○教育系論文例5

出題：地域教材を開発して、中学校・社会科の「学習指導案」を作成してください。

解答例

中学校　社会科指導案

1　題材（単元）
　私たちの地域、＊＊（地名）を知ろう

2　題材のねらい（単元のねらい）
　＊＊に生まれ育った子どもたちにとっては、この地域が当たり前の地域であって、他地域との違いはそれほどに意識されない。しかし、教育的な環境を重視しているこの地域は、他地域とは違う努力をしている町である。この環境が地域の人々の努力によって維持されていることを子どもたちに伝えたいと思い、本単元を設定した。そして、この環境を維持し、より良い環境を作っていくために自分自身でもできることをしていくという自覚を育てていくことをねらいとする。

3　題材を選んだ理由（単元設定の理由）
(1)　生徒観
　地元から離れた経験がある子どもが少なく、他地域を知らない場合が多い。そのため、今のこの地域の居住環境が当たり前だと思っており、そのためにどのような努力がなされているかに気付いていないように思われる。
　最近、この地域でも高層のマンションが建設され始め、町並みが変わろうとしている。このような変化についても、ほとんど無関心な状態である。

(2) 教材観

　地域教材を扱うことから、子どもたちにも具体的に地域を歩かせ、自らの目で地域について見つめさせたい。特に、近隣の他地域と比較しながら、この地域の特性について気付かせたい。

　家族で昔からこの地域に住んでいる人がいる場合には、昔の＊＊について聞きとりをして、発表させる場も設けていきたい。

(3) 指導観

　自らの足で地域の特性に気付き、この地域の良さを維持し、より住みやすい町にしていくのにはどうしたらいいか、考えることができるようにする。

4　指導計画
　　第1時　　　地域について知っていることを出し合う
　　第2時　　　グループ毎に調べるテーマを決める
　　　　　　　① ＊＊と近隣との町並み比較
　　　　　　　② ＊＊の地域間の違いについて
　　　　　　　③ ＊＊の歴史
　　　　　　　④ ＊＊と学校・大学
　　第3～4時　グループ毎に調査活動を行う
　　第5～8時　グループ毎に発表し、そのテーマについて学習する
　　　第5時　　①＊＊と近隣との町並み比較
　　　第6時（本時）②＊＊の地域間の違いについて
　　　第7時　　③＊＊の歴史
　　　第8時　　④＊＊と学校・大学
　　第9時　　　学習のまとめ

5　本時の展開案
(1) 本時のねらい
　　＊＊の地域間の違いについて
　　＊＊は小さな町ではあるが、市内には様々な特徴がある。特に北部と南部

に焦点を当て、地域間の違いに気付かせていく。

(2) 本時の展開

過程	生徒の活動と主な内容	教師の指導
本時の学習課題の確認	1 ＊＊市内の地域間の違いについて学習する。	・学習課題について把握するよう配慮する。
＊＊市内の違いについての発表を聞く	2 担当グループが発表する。 ・北部の町並みについて ・南部の町並みについて ・各地域の歴史について ・居住者へのインタビューのまとめ、等	・調べてきた成果が発表に反映されているか、発表者の発表内容について把握し、不足している部分は発表を促す。 ・他の子どもたちには聞く姿勢を注意する。
発表を聞いて分からなかったところを確認する	3 発表を聞いて質問する。また、感想や自分が知っていることを発表する。	・初めてこの内容を聞く人たちに対して発表者は具体的に質問に答えられるよう促す。 ・発表者を励ますような質問の仕方・コメントができるようにする。
まとめ	4 学習のまとめをする。	・発表者には、学習して発表してよかったという実感を持たせる。また、分からなかった点はこれからも調べてみたいという意欲を持たせる。 ・他の子どもたちには、新しく学んだことで＊＊市の知らなかった側面を知り、自分の地域に対する関心をさらに持てるようにする。

○教育系論文例6

出題：不登校について学んだことを書きなさい。

解答例

　文部科学省によると、「不登校児童生徒」とは「何らかの心理的、情緒的、身体的あるいは社会的要因・背景により、登校しないあるいはしたくともできない状況にあるために年間30日以上欠席した者のうち、病気や経済的な理由による者を除いた者」と定義されている。以前は、「登校拒否」と呼ばれていたが、必ずしもすべての事例で登校を「拒否」しているわけではことから、むしろ学校に行けないあるいは行かない状態を指すものとして、およそ10年前から「不登校」が広く用いられるようになってきた。

　文部科学省の調査によると、2008年度の小中学校不登校者数は、12万6805人で、2007年度よりは減少している。しかし、全児童生徒数における不登校児童生徒数の割合を見ると、小学校で0.32％、中学校で2.89％である。この割合は大きな変動が見られないことから、不登校児童生徒数の減少は、むしろ総児童生徒数の減少によるものであると思われる。

　文部科学省が発表した『今後の不登校への対応の在り方について（報告）(2003年4月)』によれば、不登校の基本的な考え方として、「どの子にも起こりうること」であり、解決の目標は将来的な「社会的自立」にあるとしている。つまり不登校は「心の問題」であるとともに「進路の問題」としてとらえる必要がある。

　また、この報告に基づいて作成された指導資料によれば、主に次の3点が学校に求められる取り組みとして示されている。

　まず第1に、学校が組織体として一致協力して取り組むことが挙げられている。不登校者への対応は学級担任1人に任せられがちな風潮がある。しかし、多様化する不登校の背景や要因を理解し、対処するには、校長のリーダーシップの下、教頭、学級担任、教務主任、学年主任、養護教諭等教職員、スクールカウンセラー等が、それぞれの役割について理解した上で、日ごろから連携を密にし、一致協力して対応に当たることが求められる。その

際、コーディネーター的役割を果たす教員を明確に位置付け、その者が中心となって、校内のみならず、家庭や関係機関等との連携を担うことが必要である。こうした校内体制により、早期の状況把握や的確なアセスメント、そして社会的自立のための支援が可能となる。

　第2に、個々の不登校の様態や状況に応じた適切な取り組みが求められる。不登校の要因・背景には、単に心の問題だけでなく、あそび・非行による怠学、学習障害（LD）や注意欠陥多動性障害（ADHD）などによる不適応、虐待なども含まれる。このように不登校の要因・背景が複雑化する傾向にありながら、画一的な対応をしていったのでは、的確な指導にはならない。不登校について多面的に理解を深めた上で、個別具体的な対応していくことが求められる。

　第3に関係機関との連携である。これまで述べてきたように、不登校の要因・背景は多様化・複雑化しており、学校だけの対応だけでは不登校者の必要とする支援を行うことが難しい場合がある。精神的問題が関与している場合には医療機関、家庭の養育の問題が関係する場合には児童相談所や児童自立支援施設等、非行の場合には警察署や少年補導センターなどとの連携が求められる。的確、迅速にこうした関係機関との連携を取るためには、日ごろからのネットワークづくりが重要である。

　文部科学省が発表した『今後の不登校への対応の在り方について』には以上のような点が取り組みとして挙げられていた。学校における不登校への取り組みは、児童生徒が不登校になってからの事後的な対応に終始しがちである。しかし、そのような対応に終わるのではなく、不登校を生まない努力も大切である。ひとつには、不登校の兆候が少しでも見られた場合には早くに対応すること、また、専門家の力を借りていくことが重要である。

　不登校はどの子にも起こりうる問題である。スクーリングの授業で、早くに不登校に対応することの大切さを学んだ。そのような視点を持って、私自身も不登校傾向のある子どもたちに関わっていきたいと思う。

教育系論文の多様な内容、出題パターンを知っていただけたでしょうか。
先に述べた分類に加えて、これらが融合した問題も出題されています。

また、教育系の編入試験では志望理由書が、大学院入試では研究計画書が、事前に提出する書類としては重要になっています。この具体例も掲載しておきたいと思います。

8　志望理由書・研究計画書作成例

○志望理由書例

　私は学習塾講師のアルバイトをしている。そこで出会った子どもたちの現実から教師になりたいと思うようになり、編入学を決意した。
　私が教えている子どもたちは、小さなときから学習塾に通わされている、いわゆる受験学力が高い子どもたちである。しかし、人とのコミュニケーションが苦手であったり、生活に必要な力が極端に弱かったりする。この子たちは大学受験ではおそらく上位校に進学することができるであろう。しかし、生きていく上で、多くの困難があるのではないだろうか。そのように懸念はするものの、学習塾は成績を上げることが主な仕事であるので、それ以外のことを子どもたちに教えることは難しい。ゆえに、子どもの全人格的な発達を目指す教育実践が可能な学校の教師になりたいと思うようになった。
　編入学後は、主に子どもたちの「生きる力」の育成について学んでいきたいと考えている。まず、子どもたちのコミュニケーション力や生活力の現状はどうなっているのかについて実証的に明らかにしていきたい。そしてその上で、これらの能力を高めていくための具体的な教育方法について考えていきたい。可能であれば、積極的な取り組みを行っている教室を訪問して、調査研究を行っていきたい。
　貴学教育学科は、教育学が専攻とされており、教科教育に特化せず、全人格的な教育実践を行うための教育学の理論が学べる点が私にとっては一番の魅力である。また、生活教育をご専門とする先生がいらっしゃり、そのような先生の下で学びたいと強く思っている。
　卒業後は小学校の教師となり、子どもの全人格的な発達に寄与できるよう

> な教育実践を行っていきたい。
>   以上の理由で、貴学教育学部教育学科を志望する。

　志望理由書は、たいていA4判、1枚程度です。この場合、「編入学しようと思ったきっかけ」「編入学後に学びたいこと」「その大学・学部を志望する理由」「卒業後の進路」の4段落構成で書いていくと書きやすいと思います。編入学しようと思ったきっかけや編入学後に学びたいことを、できるだけ具体的に記述していくようにしましょう。

○研究計画書例

> 題目：学校・教員評価時代の教員・教師文化と教育実践
>
> 　学校という教育の現場には、学校独特の文化がある。そのことによって教員には独特なパーソナリティが形成されている。その独特な教員文化については、ウォーラー（1957）によって具体的な姿が描かれ、また、久冨善之らの実証的な研究によってその性格が明らかにされている。そのような独特な教員文化の性格を明らかにすることで、教員文化が教育実践に及ぼす影響について検討し、よりよい教育実践を進めていくためにはどのようなことが求められているのか、どのような教員間の同僚性を築いていったらよいのかについて考察を行っていくことが本研究の課題である。
> 　教師が持つ独特なパーソナリティ特性については、教員・教師文化に関する一連の先行研究の成果がある。久冨（1994）は教師の仕事の特徴を「再帰性」「不確実性」「無境界性」の3つで特徴づけ、この3つの特徴から派生する教師文化の特徴を述べている。このような独特な教員・教師文化は教師の仕事の特性によって派生するものとされている。
> 　教師・教員文化にはこのような側面があり、教育という独特な現場を乗り切るために教員文化が形成されたという。そして、教師がよりよい環境で仕事を進めていくためには、「同僚性」の構築が重要であることが指摘されている。佐藤学（2003）によれば、学校改革に成功している学校では、この

「同僚性」が確立されているという。

　このような学校現場における教育実践を支える教員・教師文化、同僚性であるが、近年進められている学校評価・教員評価の中で、その位置づけが変わってきているのではないかと思われる。そもそも教員組織は「なべぶた型」と言われる教員間の序列がない組織が一般的であった。そして、教員評価・授業評価を数値化して行うことはあまりなかった。しかし今日、教員の職階も設けられ、評価も行われるようになった。このような環境の変化に伴い、教員・教師文化や、学校を支える上で重要だと思われる「同僚性」の構築はどのような影響を受けているのだろうか。そして、そのことが日々の教育実践の変化を引き起こしているのだろうか。

　修士論文では、以上のような課題意識にもとづき、学校・教員評価時代の教員・教師文化と教育実践について考察を行っていきたい。具体的には、教員・教師文化研究についての先行研究を検討し、理論的な課題の整理を行なう。また同時に、今日進められている学校・教員評価制度についてその概要をまとめる。これらの学習を踏まえた上で、今日の学校ではどのような教員・教師文化が支配的であるのかについて、質問紙調査や聞き取り調査を実施していく。これらの実態調査を踏まえて、教員・教師文化の今日的な課題について明らかにしていきたい。

引用文献
久冨善之他編『日本の教師文化』(東京大学出版会、1994)
佐藤学著『教師達の挑戦』(小学館、2003)
ウォーラー著(石山脩平他訳)『学校集団――その構造と指導の生態』(明治図書、1957)

　もちろん、これらの解答例、志望理由書例、研究計画書例が唯一の「正解」というわけではありません。
　教育学は、複数の「解」がある学問です。柔軟に思考し、具体的に展開していく力が問われているのではないかと思います。

4章　教師になるまでのQ＆A

1 教師になるには？

Q：学校の教師になりたい。まず、何をすればいいですか？
A：まず、教員免許（教育職員免許状）の取得が必要です。幼稚園、小学校、中学校、高等学校、中等教育学校（中高一貫校のこと）、特別支援学校の教員になるには、各学校種ごとの教員免許が必要です（中学校、高等学校、中等教育学校は教科ごとの免許になります）。この免許がないと、原則、教壇に立つことができません。
　教員免許は都道府県教育委員会から授与されます。

Q：教員免許にはどのような種類がありますか。
A：大別すると、教員免許には、「普通免許」と「特別免許」、「臨時免許」があります。「教員免許の取得を目指す」といった場合、通常「普通免許状」を意味します。
　普通免許は、基礎資格と取得した単位数といった取得要件の違いにより、「専修免許」「一種免許」「二種免許」に区分されています。ただし、この区分は免許状の違いのみであり、職務上の差異はありません。
　特別免許は、各都道府県内のみで効力を有するもので、10年の有効期間が設けられている免許です。各分野の優れた知識、経験や技能を持っている社会人が、教員免許を持っていない場合、雇用者の推薦があれば、都道府県教育委員会の行う教育職員検定に合格することで取得できます。
　臨時免許は、各都道府県内のみで効力を有するもので、原則として3年の有効期間が設けられている免許です。普通免許を持つ者を採用できない場合に限り、都道府県の教育委員会の実施する教育職員検定に合格することで取得できます。
　また、教員免許とは異なりますが、「特別非常勤講師制度」というものがあり、教科の領域の一部等を担任する非常勤講師について、教員免許を持たない場合でも登用されることがあります。

普通免許の種類

区分	短大卒	大卒	大学院修士修了
幼稚園教諭	二種免許	一種免許	専修免許
小学校教諭	二種免許	一種免許	専修免許
中学校教諭	二種免許	一種免許	専修免許
高等学校教諭	なし	一種免許	専修免許
特別支援学校教諭	二種免許（＋小、中、高または幼の普通免許）	一種免許（＋小、中、高または幼の普通免許）	専修免許（＋小、中、高または幼の普通免許）
養護教諭	二種免許	一種免許	専修免許
栄養教諭	二種免許	一種免許	専修免許

※中学校及び高等学校の教員免許はさらに教科別に区分されている。また、養護教諭、栄養教諭の免許には学校種別はない。
※上記普通免許のほか、特別免許、臨時免許がある。

Q：教員免許を取得するために大学で取らなければならない科目は？

A：教育職員免許法に定められた修得科目は、「教職に関する科目」と「教科に関する科目」に区分されます。また、学校種や免許の種類によって必要な単位数は異なります。

教員免許を取得するために必要な科目

	要件	基礎資格（学位）	教科に関する科目	教職に関する科目	教科または教職に関する科目
小学校	専修	修士	8	41	34
小学校	一種	学士	8	41	10
小学校	二種	準学士	4	31	2
中学校	専修	修士	20	31	32
中学校	一種	学士	20	31	8
中学校	二種	準学士	10	21	4
高校	専修	修士	20	23	40
高校	一種	学士	20	23	16

※上記のほか、日本国憲法、体育、外国語コミュニケーション、情報機器の操作（各2単位）の修得が必要

Q：専修、一種、二種といった免許による違いはありますか。やはり二種免許だと採用試験の際に不利なのでしょうか。

A：免許の区分による職務上の差異はありません。

また、公立学校の採用試験での有利・不利はそれほどないと思われます。

ただし、私立学校の教員募集では、一種免許や専修免許の所有が出願条件となっている場合もあります。そのような出願条件のない私立学校では、実際に二種免許を取得した方も教員として採用されています。

ただし、二種免許には一種免許への切り替えの努力規定があります。これについては、「教育職員免許法」第9条の5（二種免許状を有する者の一種免許状の取得に係る努力義務）に、「教育職員で、その有する相当の免許状（略）が二種免許状であるものは、相当の一種免許状の授与を受けるように努めなければならない」と明記されています。

なお、高校には二種免許はありません。また、二種免許では管理職にはなれません。

給与面では、基礎資格によって違いがあります。しかしこれは、修士、学士、準学士といった基礎資格による違いによるもので、免許の違いによるものではありません。自治体や採用時の年齢等によって異なってきますが、初任給では月2万円程度の違いがあるようです。

Q：通信制大学で取得した教員免許は採用試験では不利ではありませんか。

A：不利なことは全くありません。

そのような「噂」が流れているようにも感じますが、通信制大学で教員免許を取得された方も、多数、教員採用試験に合格されています。

不足単位を科目等履修で充足して、合格された方もいらっしゃいます。

今年の採用試験でも、実際に通信制大学で教員免許を取得された方が、教員採用試験に合格されています。

ですから、通信制大学で教員免許を取得することも一つの選択肢としてお考えいただいてもよいのではないでしょうか。

2　教員免許取得について

Q：教員免許はどのようにしたら取得できるのでしょうか。
A：大学等に普通免許に必要な単位を取得できる教職課程が置かれていますので、大学等で取得するのが最も一般的な方法です。
　一般的には、大学等において学士等の基礎資格を得るとともに、文部科学大臣が認定した課程において所定の教科及び教職に関する科目の単位を修得することが必要です。小学校の免許を取得するには多くの場合、教育学部や教育学科、子ども学科等に進まなければなりませんが、中学・高校の免許は教科ごとに分かれているので、教職課程のある大学に進み、各教科に相当する学部・学科で取得することができます。
　また、教員資格認定試験により、教員免許を取得することもできます。詳しくは、P29　2章「教員免許を取得するには」をご参照ください。

Q：中学校・高等学校教諭一種免許を取得しています。小学校教諭免許を取得したいのですが、何か、免除されるものがありますか。
A：まず、免許法施行規則第66条の6に定める科目（「日本国憲法」「体育」「英語」「情報活用」）は認定されると思います。加えて、「教職に関する科目」が何科目か認定されるでしょう。不明な点については、都道府県教育委員会で単位取得の相談を受けられます。
　不足している単位については、大学に編入するか、科目等履修生で入学することにより、取得することができます。
　働きながらの場合は、通信制大学で単位を取得するとよいでしょう。もちろん、通学の大学でも単位取得は可能です。

Q：出身大学で小学校二種免許を取得しています。この場合、どうすれば一種免許を取得できますか？
A：最終学歴が短期大学卒業なのか、大学卒業以上なのかによって取得の仕方が異なってきます。

短期大学卒の方の場合は、まず、大学を卒業する必要があります。一種免許を取得する上での基礎資格が大学卒だからです。その上で、不足する単位を取得していくことになります。大学の3年次に編入することになりますので、最低でも2年間かかります。

　大学卒の方の場合は、不足する単位を取得するだけでよいので、大学に編入学する必要はなく、科目等履修生でも取得可能です。最低1年間で取得できます。

　最終学歴にかかわらず、教育実習や介護等体験などの実習は必要ありません。

Q：現在30歳です。今からの教員免許の取得は可能でしょうか。

A：まず、教員免許を取得するために大学等に入学できるかということであれば、入学に際しての年齢制限はありません。ただし、注意してほしいことがあります。それは、教員免許を取得する場合には「教育実習」が必要ですが、年齢が高くなると、教育実習の受け入れ校が少なくなる可能性があるということです。教育実習は、大学が一括して受け入れ依頼をする場合と、個別にお願いしていく場合があります。時間に余裕を持って、また、熱意を持って依頼していくことで、年齢が高い方でも受け入れていただいているようです。教育実習の受け入れ校が確保できれば、教員免許を取得することができます。

Q：現在、フルタイムで仕事をしています。仕事を続けながら教員免許を取得することはできますか。

A：通信制大学に入学する、もしくは教員資格認定試験を受験するという方法であれば、働きながら教員免許を取得することは可能かと思われます。ただし、前者の場合は「教育実習」が、小中学校の教員免許を取得される場合はそれに加えて「介護等体験」が必要ですので、この日程を確保できるかが問題になってきます。

　「教育実習」は2～4週間程度（在籍する大学や取得したい学校種によって異なります）、「介護等体験」は1週間程度が標準で、この期間は実習に集中することが必要です。

　教員資格認定試験ではこれらの実習は必要ありませんが、この試験によって取得できる免許は、現在、幼稚園二種（出願資格有）、小学校二種、特別支援一種に限られます。

Q：四年制大学を卒業しています。教員免許の取得に必要な単位を少しだけ残しています。このような場合は、どうしたらよいのでしょうか。

A：学士の基礎資格はお持ちなので、教育職員免許法第5条別表1（不足科目の取得）を根拠に、科目等履修生で不足単位を取得すれば、免許を取得することができます。必要な科目・単位数については、出身大学にご確認ください。

　ただし、「教育実習」や「介護等体験」については科目等履修生では取得できないことが一般的です。教育実習や介護体験を残してしまった場合は、正規の学生として（編）入学することが必要です。

　以上の方法で単位を取得した上で、個人で居住地の都道府県教育委員会に申請すれば、教員免許を取得することができます。

Q：大学の1年生です。小学校の教師になりたいのですが、現在在籍している大学では教員免許が取得できません。どうしたら小学校の教員免許を取得することができますか。

A：現在、在籍している大学の卒業を目指すということであれば、文部科学省が実施している「教員資格認定試験」を受験することによって、大学卒業時までに小学校教諭二種免許を取得することができます。ただしこの場合は、二種免許に限られてしまいます。

　また、在籍している大学の学則で他大学の科目等履修が禁止されていなければ、他大学で科目等履修生として必要単位を修得して、個人申請で教員免許を取得することも可能です。

3　教員資格認定試験について

Q：試験で教員免許を取得できるって本当ですか？

A：本当です。「教員資格認定試験」の受験という方法をとれば、大学等に通うことなく教員免許を取得することができます。

　この試験は広く一般の社会人から優れた教員となる人材を集めるために定められた制度に基づき実施されます。この試験に合格し、都道府県教育委員会に申請

することで、教員免許が授与されます。

Q：教員資格認定試験では、どの教員免許が取得できますか。
A：幼稚園教諭二種免許、小学校教諭二種免許、特別支援学校教諭一種免許が取得できます。
　特別支援学校教諭一種免許は、年度によって実施種目が異なり、取得できる普通免許の種類も異なります。

Q：どんな人が受けられますか？
A：小学校は高卒以上で満20歳以上、幼稚園はこれに加えて3年の保育士としての実務経験、特別支援学校は高卒以上で満22歳以上というのが、おおまかな受験資格です。詳細は以下のようになります。

◎**小学校教員資格認定試験**
　次のいずれかに該当する者です。
- 大学（短期大学を含む）に2年以上在学し、かつ、62単位以上を修得した者及び高等専門学校を卒業した者並びにこれらの者と同等の資格を有すると認められる者。
- 高等学校を卒業した者、その他大学（短期大学及び文部科学大臣の指定する教員養成機関を含む）に入学する資格を有する者で、受験する年の4月1日における年齢が満20歳以上の者。

◎**幼稚園教員資格認定試験**
　次のいずれかに該当する者で、かつ、以下の「施設」において、保育士として3年以上従事した者です。
- 大学（短期大学を含む）に2年以上在学し、かつ、62単位以上を修得した者及び高等専門学校を卒業した者並びにこれらの者と同等の資格を有すると認められる者。
- 高等学校を卒業した者、その他大学（短期大学及び文部科学大臣の指定する教員養成機関を含む）に入学する資格を有する者で、受験する年の4月1

日における年齢が満20歳以上の者。

「施設」
・児童福祉施設（児童福祉法第7条に規定された施設）
・へき地保育所（「次世代育成支援対策交付金対象事業及び評価基準について」（第二次改正））に規定された施設
・認定こども園（就学前の子どもに関する教育、保育等の総合的な提供の推進に関する法律第3条第1項又は第2項の認定を受けた施設及び同3項の規定による公示がされた施設）

◎特別支援学校教員資格認定試験
次のいずれかに該当する者です。
・大学（短期大学を除く）を卒業した者。
・高等学校を卒業した者、その他大学（短期大学及び文部科学大臣の指定する教員養成機関を含む）に入学する資格を有する者で、受験する年の4月1日における年齢が満22歳以上の者。
・高等学校卒業程度認定試験規則附則第4条表の上欄各号に掲げる者。

Q：教員資格認定試験とは、どんな試験なんですか？

小学校教員資格認定試験を例に見ていきましょう。試験は第1次試験、第2次試験、指導の実践に関する事項に係る試験の3回の試験です。

◎第1次試験

区分	内容	方法
一般教養科目	人文科学、社会科学、自然科学及び外国語（英語）に関する事項	筆記試験（択一式）
教職に関する科目（Ⅰ）	教育原理、教育心理学、特別活動、生徒指導等教職に関する専門的事項	筆記試験（択一式）
教職に関する科目（Ⅱ）	小学校の各教科の指導法及びこれに付随する基礎的な教科内容（ただし、受験にあたっては、音楽、図画工作及び体育の各教科のうち2教科以上を含む6教科を9教科の中からあらかじめ選択すること）	筆記試験（択一式）

◎第2次試験

区分	内容	方法
教科に関する科目	小学校の各教科に関する専門的事項（9教科の中から1教科をあらかじめ選択して受験すること）	筆記試験（論述式）
教職に関する科目（Ⅲ）	音楽、図画工作及び体育 （音楽、図画工作及び体育の3教科について第一次試験において受験したもののうち2教科をあらかじめ選択して受験すること）	実技試験
口述試験	小学校教員として必要な能力等の全般に関する事項	口述試験

◎指導の実践に関する事項に係る試験

内容	方法
小学校教員として必要な指導の実践に関する事項	授業観察、指導案作成、討論等

　大学に2年以上在学し、かつ62単位以上修得した者は、第1次試験の一般教養科目が免除、教員免許を有する者に対しては口述試験が免除されます。

　他にも免除対象者・対象科目がありますし、幼稚園・特別支援学校教員資格認定試験でも免除はあります。

　詳しくは、文部科学省のホームページをご確認ください。

Q：認定試験はいつどこで受けられますか？

A：おおまかな試験日程は以下のとおりです。

◎小学校教員資格認定試験
　要項配布時期：4月下旬〜
　出願期間：6月上旬〜中旬
　第1次試験：9月上旬
　第2次試験：10月中旬
　指導の実践に関する事項に係る試験：11月中旬〜下旬
　場所：宮城教育大学（第1次試験のみ）、東京学芸大学、横浜国立大学、静岡大学、岡山大学、熊本大学

◎幼稚園教員資格認定試験
　要項配布時期：4月下旬〜
　出願期間：6月上旬〜中旬
　第1次試験：9月上旬
　第2次試験：10月中旬
　場所：北海道教育大学、宮城教育大学、埼玉大学（1次のみ）、東京学芸大学、
　　　　金沢大学（1次のみ）、愛知教育大学、大阪教育大学、岡山大学、香川
　　　　大学（1次のみ）、福岡教育大学

◎特別支援学校教員資格認定試験
　要項配布時期：4月下旬
　出願期間：6月上旬〜中旬
　第1次試験：8月上旬
　第2次試験：10月上旬
　場所：筑波大学

Q：合格率はどれくらいですか？
A：小学校教員資格認定試験の合格者は、全体の10パーセント程度です。ただし、競争試験ではありませんので、合格点（満点の6割程度）に達していれば、受験者数に関係なく合格することができます。
　また、1次試験に合格して、2次試験に不合格だった場合は、翌年は1次試験が免除され、2次試験から受験できます。

4　教員採用試験について

Q：公立学校の先生になるためにはどのようにしたらよいのでしょうか。
A：公立学校の教員採用試験は、正式には「教員採用候補者選考試験（検査）」といいます。公立学校の教員として採用されるためには、教員免許を取得した上で（取得見込みでも可）、この試験に合格しなければなりません。

試験は、各都道府県・政令指定都市の教育委員会が実施しています。
　大まかなスケジュールは、募集要項の配付が4〜6月、願書受付が5〜6月、1次試験が7月、1次試験合格者のみが受験できる2次試験が8〜9月です。2次試験の合格者は、「教員候補者名簿」に登載されます。候補者には10〜11月に、各教育委員会で行われる採用についての採用状況やスケジュールが説明されます。その後、教育委員会や学校長による面接が行われ、本採用・赴任校が決定されます。
　なお、この「教員採用者名簿」は、試験結果の上位者から順に登載されていきます。実際に何人の教員が必要になるのかは年度末にならなければ確定しないので、最終合格者数が必要な教員数よりも多かった場合、採用されないこともあります。しかし、この名簿登載は1年間有効ですから、年度途中で採用されることもあります。
　採用されなかった場合には、次年度の試験を再受験する必要がありますが、最近ではその場合には、1次試験を免除するといった特別な措置をとる自治体も増えています。

Q：教員採用試験はどのような試験内容なのでしょうか。
A：教員採用試験は各自治体が実施している試験ですから、その内容は自治体によって異なります。多くの自治体で行われている試験の内容は以下の通りです。

・筆記試験：一般的な知識を問う一般教養、教職に関する知識を問う教職教養、志望する校種・教科に関する内容について問う専門試験が課されます。最近では一般教養を実施しない自治体も増えていますし、対象者によっては免除される自治体もあります。
・論作文試験：教育論や実践的な指導方法等について論作文を書くことが求められます。これを通じて、受験者の人物像や教師としての考え方・資質を評価します。
・面接試験：個人面接・集団面接・集団討論・模擬授業・場面指導など、様々な形態で行われています。近年、教員としての資質が問われていることから、重視される傾向にあります。複数の形態の面接を組み合わせて実施している

自治体もあります。
- 実技試験：小学校の音楽や体育、中学校・高等学校の英語・音楽・体育等の教科で実施されています。もちろん課さない自治体もあります。
- 適性検査：教員としての特性を判断するために、クレペリン検査等を実施している自治体もあります。

　実施内容はそれぞれの自治体によって異なります。必ず募集要項で確認していただきたいと思います。

Q：教員採用試験は、同じ年に何箇所か受験することができますか？

A：教員採用試験は各自治体が行います。試験の日程が重ならなければ、複数受験することができます。
　多くの自治体では、第1次試験が7月、第2次試験が8月から9月にかけて実施されています。第1次試験は、例年、以下のような日程で組まれているようです。自治体によっては2週にわたって試験が実施される場合もありますので、最新の情報は各自治体の募集要項でご確認ください。

7月第1土日曜日：北海道、札幌市、茨城県、栃木県、群馬県、埼玉県、さいたま市、千葉県、千葉市、東京都、神奈川県、横浜市、川崎市、新潟県、山梨県、長野県、静岡県、静岡市、浜松市
7月第2日曜日前後：岡山県
7月第3土日曜日：富山県、石川県、福井県、岐阜県、愛知県、名古屋市、三重県、奈良県、鳥取県、島根県、広島県、広島市、山口県、香川県、福岡県、福岡市、北九州市、佐賀県、長崎県、熊本市、大分県、宮崎県、鹿児島県、沖縄県
7月第4週：青森県、岩手県、宮城県、仙台市、秋田県、山形県、福島県、徳島県、愛媛県、高知県
7月第4土日曜日：滋賀県、京都府、京都市、大阪府、堺市、大阪市、兵庫県、神戸市、和歌山県

Q：現在35歳です。今から教員免許を取得して、公立学校の教師になることは可能でしょうか。

A：近年、教員採用試験の年齢制限が緩和されています。ですから、もちろん受験する自治体にもよりますが、35歳ということでしたら十分可能かと思われます。

例えば、東京都の採用試験の場合、平成24年度の一般選考は昭和47年4月2日以降の出生が出願資格でした。満39歳ですので、35歳の方でも、小学校二種免許は最短1年で取得できますので、十分可能かと思われます。

また、東京都の採用試験の場合、平成24年度の特例選考では昭和27年4月2日以降の出生が出願資格でした。特例の種類は多くありますが、例えば、「社会人経験者」では、常勤の職としての勤務経験が、この場合は通算して5年以上、または1つの職場で継続して3年以上あれば出願できます。満59歳まで出願できるということになります。

横浜市の採用試験では、60歳未満まで受験できます。50代で合格された方もいらっしゃいます。

埼玉県では50歳以下、他にも年齢制限が緩和されている自治体は結構ありますし、また今後、増えていくのではないでしょうか。

Q：小学校の教師になりたいと思っています。でも実技科目が心配です。教員採用試験で実技科目はもちろん必須ですよね？

A：小学校の先生になられたら、実技科目も含めて、全教科を指導することになりますので、もちろん実技教科も指導できるようになる必要があるのですが…。

でも、まずは採用試験に合格しなければなりませんね。その場合、実技科目が課されない自治体の採用試験を受験するという選択もあります。

例えば、東京都の平成24年度採用試験（一般選考）は、以下のように行われています。

・第1次選考：筆記試験（教職教養、専門教養、論文）
・第2次選考：第1次選考合格者のみに実施。集団面接、個人面接

これを見ると分かるように、実技試験はありません。

同じく東京都の特例選考で社会人経験者の場合は、

・第1次選考：筆記試験（論文）
・第2次選考：集団面接、個人面接

となりますので、いわゆる選択式の筆記試験も実技試験も課されないということになります。

ですから、実技試験が不安な方でも、採用試験に合格するチャンスはあります。でもやっぱり、実技の練習もがんばってくださいね。

Q：小学校の採用試験について詳しく教えてください。具体的にはどんな試験が行われるのでしょうか。東京都を受験しようと思っています。

A：一般的に教員採用試験は「筆記試験」（一般教養と教職教養、専門教科）、「論作文試験」「面接試験」「実技試験」「適性検査」の5つに区分されます。これらをすべて課す自治体もあれば、いくつかだけという自治体もあります。

「筆記試験」はマークシート方式の自治体が多くなっています。一般教養は、人文・社会・自然の各分野から出題されます。教養試験は、教育原理・教育史・教育法規・教育心理といった教育学の諸分野からの出題です。専門教科は、それぞれの教科に関する出題です。小学校の場合は「全科」ですので、国語・算数・生活・社会・理科・音楽・図画工作・体育・家庭・外国語活動・総合的な学習の時間等からバランスよく出題されています。教職教養と専門教科については、学習指導要領の学習が不可欠です。

「論作文試験」は、教育論や指導方法等に関するテーマが課され、論述していく問題です。800字～1500字程度の論作文が課されることが一般的です。

「面接試験」は、個人面接・集団面接・集団討論・場面指導・模擬授業・英語による面接等が課されます。教師としての資質の有無がよく分かるため、面接試験や集団討論は重視されます。場面指導では、子どもをしかる場面等、具体的な場面が指示され、指導することが求められます。模擬授業は事前に指導案を準備可能な場合もあります。外国語活動の導入により、英語による面接も増えてきま

した。

「実技試験」は、音楽実技（オルガン・ピアノの演奏も含む）、体育実技（水泳実技も含む）、図画工作実技、理科実験実技等が行われています。ピアノ実技はバイエル終了程度＋文部科学省唱歌の弾き歌い、水泳実技は25～50メートルの完泳といったあたりが標準的な内容だと思われます。

「適性検査」は教員としての資質・特性について検査するもので、クレペリン検査、Y・G性格検査等が用いられています。

Q：小学校の採用試験ですが、試験科目が少ない自治体だとどのような試験内容になるのでしょうか。

A：一般教養と実技試験が課されないという意味で、東京都の採用試験は試験科目が少ない自治体だと思います。

第1次選考では、教職教養と専門教養がマークシート方式、加えて論文試験が課されます。社会人経験者は教職教養と専門教養の試験は免除されます。以下、その内容です。

第1次選考

- 教職教養（60分間、択一式、マークシート方式）：東京都公立学校の教員として職務を遂行する上で必要な教育に関する法令や理論等に関する出題。いわゆる教職教養、特に教育法規が重視されています。
- 専門教養（60分間、択一式、マークシート方式）：指導内容や指導方法等、教員として各教科（科目）等の授業を行う上で必要な専門的教養に関する出題。特に学習指導要領についての知識が重要かと思われます。
- 論文（90分、1,500字程度で論述）：一般選考の場合には教育に関する問題が2問出題され、このうち1問を選択します。社会人の特別選考では教育に関する問題が1題出題されます。課題把握や教師としての実践的指導力、論理的表現力などを評価する試験です。

第1次選考に合格された方には第2次選考が行われます。こちらは、一般選考、社会人特別選考ともに受験する必要があります。

第2次選考
- 集団面接：指定された課題について、受験者が集団で話し合いを行い、まとめた考えについて発表及び質疑応答が行われます。この面接では、表現力、説得力、調整力、協調性などが評価されます。
- 個人面接：事前に「面接票」と「単元指導計画」を作成し、面接当日に提出します。これを参考にして授業の展開等に関する質疑応答が行われます。「単元」とは、学習内容の一つのまとまりを指し、「単元指導計画」とは、複数時間にわたって授業を組み立てる計画のことです。1時間の流れを記述する「指導案」とは異なりますのでご注意ください。この面接を通じて、教職への理解、教科等の指導力、対応力、将来性、心身の健康と人間的な魅力等が評価されます。

試験は以上となります。なお、東京都の小学校の教員採用試験では、実技試験は課されません。

Q：小学校の先生になりたいと思っています。でも、採用試験って難しいですよね。倍率はどれぐらいなんでしょうか。

A：平成22年度の教員採用試験の倍率の平均は6.1倍です。小学校は4.4倍、中学校は8.7倍、高等学校は8.1倍、特別支援学校は3.4倍です。でも、この倍率はほとんど意味がありません。地域によって大きく異なってきますから。

例えば、東北の諸県では10倍を超える自治体も珍しくありませんが、首都圏では2倍台、3倍台の自治体もあります。

Q：どうしても先生になりたいです。小学校、中学校、どこでもかまいません。合格しやすい教科ってありますか。

A：教員採用試験の倍率は、校種や教科によって違いがあります。受験する自治体や校種、教科を選択していけば、合格しやすい試験もあります。

例えば、平成22・23年度の千葉県の採用試験の倍率は以下のようになっています。

千葉県　平成22・23年度の教員採用試験の倍率

校種	教科	平成22年度	平成23年度
小学校	全科	2.6	3.0
中学校	技術	2.4	2.7
中高共通	国語	4.7	5.0
中高共通	社会	8.2	11.8
中高共通	数学	3.4	3.9
中高共通	理科	2.8	2.9
中高共通	音楽	6.0	7.5
中高共通	美術	4.3	4.6
中高共通	保健体育	8.2	11.2
中高共通	家庭	4.0	7.3
中高共通	英語	4.5	4.4

　この表からも、倍率には大きな差があることが分かるでしょう。
　中高共通という同じ校種でも、10倍を超える社会と2倍台の理科では、合格しやすさはずいぶん違うはずです。
　資料編「資料7　教員採用試験競争率一覧」をご覧下さい。合格することを第一とするなら、校種、教科、自治体別に細かく見て受験先を決める必要があります。ご自身にとって得意な教科が合格しやすい教科だとは限りません。
　もちろん、それぞれの学校種、科目による特性はあります。でも、教育の仕事は本質的には、どの校種、どの教科でも同じではないでしょうか。まずは、確実に教壇に立つことを目指していくというのも、一つの選択肢かと思われます。

Q：どうしても出身地の先生になりたいです。でも、受験している県は例年倍率が高くて、なかなか合格できません。教師になる夢をあきらめるしかないでしょうか。

A：自治体によっては、教員として現職にある者または教員としての経験がある者に対して特別選考や試験免除を実施しているケースがあります。平成23年度試験では33の自治体で行われました。
　特別選考や試験免除の内容は、それぞれ異なりますが、多くの自治体では、一般教養や教職教養といった第1次の筆記試験が免除されています。これらに代えて、学習指導案の作成と模擬授業が実施されているというケースもあります。

倍率の高い地域であれば、教員経験のある人しか受験できない特別選考を受けられるというのは、かなり魅力的でしょう。また、少ない科目で受験できれば、そのぶん集中して勉強できると思います。

　さらに、教職経験があることで、受験できる年齢が引き上げられる場合もあります。つまり、受験のチャンスが増えるのです。

　そう考えると、他の自治体で教職経験を積んだ上で、自分が本当に行きたい自治体の採用試験を受験するという方法もあるのではないかと思います。

　ただし、私立学校や非常勤講師等の教職経験の場合、自治体によって扱いが異なります。また、校種の変更は認められないケースもあります。自分の希望する自治体の教職経験者の扱いはどのようなものか、まずは募集要項でチェックしてみてはいかがでしょうか。

5　教員の仕事や待遇について

Q：先生の仕事って、どんな仕事ですか？
A：まず、教員の仕事として一番最初に思い浮かぶのは、授業だと思います。小学校は全教科、中学・高校はそれぞれの専門の教科の授業をするということですよね。そのための教材研究を行い、指導計画を立て、成績評価を行います。

　ただ、実際の教師の仕事は、授業に象徴されるような学習指導だけではありません。特別活動（部活動や学校行事等）や道徳、総合的な学習の時間といった教科以外の指導、生徒指導、進路指導、学校の運営、保護者との関わり……等、むしろ学習指導以外の仕事が年々増えているように思います。

　これらの全体が、「先生の仕事」です。

Q：教師の待遇のメリットデメリットは？
A：教師の仕事の内容というよりは、職場として、働く者への待遇という点で整理しておきましょう。

　メリットとしては、まず、安定しているということが挙げられると思います。特に、公立学校の教員の場合には、学校が「つぶれる」ことはありませんし、異

動もその自治体内に限られます。また、臨時採用教員の制度が整っていますので、産休・育休も取得しやすいです。休暇が取りやすいことに加え、男女同一賃金ですから、女性にとって働きやすい職場であると言えると思います。給料は、公務員の場合、一般的な公務員よりも高めに設定されています。

　デメリットとしては、やはり、仕事の責任の大きさでしょうか。教師の仕事は際限がありませんし、年々、子ども・保護者が難しくなったとも言われています。

　けれども、これらを越えるようなやりがいが、教師の仕事にはあると思いますよ。

Q：教員の給料は？

A：公立学校の教員の場合は、地方公務員ですので、都道府県の条例に基づいて決められています。一般公務員よりも優遇されています。

　私立学校は、各学校で個別に決定されています。

　一般的には、所持する教員免許の種別ではなく、基礎資格となる最終学歴によって決定されます。男女同一賃金です。

Q：教員は休みが多くてうらやましい？

A：学校には、夏休みをはじめとした長期休暇のイメージがありますが、子どもたちがお休みでも先生はお休みではありません。

　法的に保障されている年次有給休暇は20日です。2年目以降は、前年度に使用しなかった有給休暇を最大20日まで繰り越すことができるので、最大40日になります。

　ただ、子どもたちが通学している日に有給休暇を取ることは一般的には難しく、また、突然の病気などに備えて有給休暇を使わないことも多いようです。

　これらの意味では、一般企業と変わらないと思います。

　ただし、教育現場でもありますので、育児休暇は取得しやすいと思います。3年まで取得することができます。男性でも育児休暇を年単位で取得しているケースもあります。

Q：私立の教員になるにはどうしたらいい？
A：私立学校の募集・選考は、学校ごとに行われていますので、各学校に直接問い合わせたり、採用試験を受験したりすることになります。

　都道府県によっては、私学協会が教員志望者を各学校に紹介している場合があります。東京都、愛知県などの私学協会では、「私学教員適性検査」を実施しています。この検査は、採用試験に代わるものではありませんが、この試験の受験者名簿を私学協会が各私立学校に送付しています。各私立学校は、この名簿の中から採用候補者を選び、受験者本人に連絡を取って、採用試験を行います。適性検査は実施せずに、私立学校の教員志望者を名簿に登載している私学協会もあります。私学協会の対応は、都道府県によって異なりますので、各都道府県の私学協会でご確認いただければと思います。

　この他には、学校関係者や卒業生、大学教授等を通じての、いわゆる「縁故」による採用が実施されています。私立学校ではこのような採用方法が多くとられているようです。

　また、学校によっては、大学の求人票や広告などを通して公募している場合もあります。この場合は、学校ごとに個別の試験が実施されることが多いようです。

Q：教員免許更新制について教えて下さい。
A：教員免許更新制は、「その時々で教員として必要な資質能力が保持されるよう、定期的に最新の知識技能を身に付けることで、教員が自信と誇りを持って教壇に立ち、社会の尊敬と信頼を得ることを目指す」ものです（文部科学省HPより）。

　免許状更新講習の受講期間に、大学などが開設する30時間の免許状更新講習を受講・終了した後、免許管理者に申請して修了確認を受けることになります。

　更新講習の受講対象者は、現職教員、教員採用内定者、臨時的任用（または非常勤）教員リストに登載されている者、過去に教員として勤務した経験のある者、となっています。優秀教員表彰者や校長、副校長、教頭、主幹教諭または指導教諭、教育長、指導主事といった教員を指導する立場にある者は、更新講習の受講は免除されます。

講習の内容は、受講者本人が、本人の専門や課題意識に応じて、教職課程を持つ大学などが開設する講習の中から、①教育の最新事情に関する事項（12時間以上）、②教科指導、生徒指導その他の充実に関する事項（18時間以上）について必要な講習を選択し、受講することになっています。

　教員免許を持っているものの、当面、教師になる意志がない場合は、更新講習の修了確認期限は設定されますが、その期限までに更新講習を受講して修了することの義務は課されていませんので、更新講習を受講・修了せずに最初の修了確認期限を経過しても、免許が失効することはありません。修了期限を経過していて、実際に教職に就く場合には、更新講習を受けて、修了証明書を免許管理者に申請することが必要になります。

5章　資料編

教員免許取得関係

資料1　小学校教員免許が取得できる編入可能な大学一覧

資料2　一種免許のない人が教員を目指せる大学院一覧
　　　　　◎教員免許がゼロから取得できる大学院一覧
　　　　　◎他の免許取得者が小学校一種免許を取得できる大学院一覧

資料3　教員免許の取得できる通信制大学・大学院一覧　【幼稚園・小学校】

資料4　教員免許の取得できる通信制大学・大学院一覧　【中学・高校】

資料5　教員免許の取得できる通信制大学・大学院一覧　【その他】

資料6　教職大学院一覧

教員採用試験関係

資料7　教員採用試験・競争率一覧

資料8　平成23年度受験年齢制限一覧

資料9　平成23年度小学校実技試験内容一覧

資料10　少科目採用試験を実施している自治体と試験科目
　　　　　◎少科目採用試験を実施している自治体の一覧
　　　　　◎採用試験に一般教養のない自治体の試験科目一覧

資料11　社会人特別選考のある自治体一覧

資料12　大学院進学者特例一覧

資料1　小学校教員免許が取得できる編入可能な大学一覧

注　意

- ◆　以下の情報は、平成23年4月時点で確認できた情報です。
- ◆　通信制大学を除いて掲載しています。
- ◆　詳細は、必ず募集要項でご確認ください。

大学	学部	学科・課程	専攻
北海道教育大学	教育学部	教員養成課程	
		人間地域科学課程	
札幌学院大学	人文学部	こども発達学科	
北翔大学	生涯学習システム学部	学習コーチング学科	
東北女子大学	家政学部	児童学科	
盛岡大学	文学部	児童教育学科	
尚絅学院大学	総合人間科学部	子ども学科	
東北福祉大学	子ども科学部	子ども教育学科	
宮城学院女子大学	学芸学部	児童教育学科	
秋田大学	教育文化学部	学校教育課程	
東北文教大学	人間科学部	子ども教育学科	
福島大学	人文社会学群	人間発達文化学類	
茨城キリスト教大学	文学部	児童教育学科	児童教育専攻
常磐大学	人間科学部	教育学科	
宇都宮大学	教育学部	学校教育教員養成課程	
共愛学園前橋国際大学	国際社会学部	国際社会学科	地域児童教育専攻
群馬医療福祉大学	社会福祉学部	社会福祉学科	子ども専攻 初等教育コース
埼玉学園大学	人間学部	子ども発達学科	
聖学院大学	人間福祉学部	児童学科	
植草学園大学	発達教育学部	発達支援教育学科	
川村学園女子大学	教育学部	児童教育学科	
敬愛大学	国際学部	こども学科	
淑徳大学	国際コミュニケーション学部	人間環境学科	こども教育専攻
聖徳大学	児童学部	児童学科	昼間主コース 夜間主コース
帝京平成大学	現代ライフ学部	児童学科	
お茶の水女子大学	文教育学部	人間社会科学科	
青山学院大学	教育人間科学部	教育学科	
	文学部第二部	教育学科	

大学	学部	学科・課程	専攻
国士舘大学	体育学部	こどもスポーツ教育学科	
	文学部	教育学科	初等教育専攻
昭和女子大学	人間社会学部	初等教育学科	
白梅学園大学	子ども学部	子ども学科	
白百合女子大学	文学部	児童文化学科	児童文学・文化専攻
聖心女子大学	文学部	教育学科	
創価大学	教育学部	児童教育学科	
大東文化大学	文学部	教育学科	
高千穂大学	人間科学部	人間科学科	児童教育専攻
玉川大学	教育学部	教育学科	
帝京大学	文学部	教育学科	初等教育専攻
東京家政大学	家政学部	児童教育学科	
東京家政学院大学	現代生活学部	児童学科	
東京純心女子大学	現代文化学部	こども文化学科	
東京福祉大学	社会福祉学部	保育児童学科	
	教育学部	教育学科	
東洋大学	文学部第一部	教育学科	初等教育専攻
文京学院大学	人間学部	児童発達学科	
目白大学	人間学部	児童教育学科	
明星大学	教育学部	教育学科	
横浜国立大学	教育人間科学部	学校教育課程	
鎌倉女子大学	児童学部	児童学科	
	教育学部	教育学科	
日本女子大学	人間社会学部	教育学科	
富山国際大学	子ども育成学部	子ども育成学科	
北陸学院大学	人間総合学部	幼児児童教育学科	
仁愛大学	人間生活学部	子ども教育学科	
都留文科大学	文学部	初等教育学科	
岐阜女子大学	文化創造学部	文化創造学科	初等教育学専攻
岐阜聖徳学園大学	教育学部	学校教育課程	
		学校心理課程	
中部学院大学	子ども学部	子ども学科	
東海学院大学	人間関係学部	子ども発達学科	
常葉学園大学	教育学部	初等教育課程	
愛知学泉大学	家政学部	家政学科	こどもの生活専攻
愛知淑徳大学	文学部	教育学科	
桜花学園大学	保育学部	保育学科	
金城学院大学	人間科学部	現代子ども学科	
至学館大学	健康科学部	子ども健康・教育学科	
	人文学部	児童学科	
椙山女学園大学	教育学部	子ども発達学科	

大学	学部	学科・課程	専攻
中部大学	現代教育学部	児童教育学科	
東海学園大学	人文学部	発達教育学科	
名古屋経済大学	人間生活科学部	教育保育学科	
名古屋芸術大学	人間発達学部	子ども発達学科	
日本福祉大学	子ども発達学部	子ども発達学科	
びわこ学院大学	教育福祉学部	子ども学科	
京都教育大学	教育学部	学校教育教員養成課程	
京都女子大学	発達教育学部	教育学科	教育学専攻
京都ノートルダム女子大学	心理学部	心理学科	学校心理専攻
同志社女子大学	現代社会学部	現代子ども学科	
佛教大学	教育学部	教育学科	
大阪教育大学	教育学部第二部	小学校教員養成課程	
大阪大谷大学	教育福祉学部	教育福祉学科	
大阪芸術大学	芸術学部	初等芸術教育学科	
大阪樟蔭女子大学	児童学部	児童学科	
大阪総合保育大学	児童保育学部	児童保育学科	
四天王寺大学	教育学部	教育学科	
常盤学園大学	国際こども教育学部	国際こども教育学科	
千里金蘭大学	生活科学部	児童学科	
相愛大学	人間発達学部	子ども発達学科	
常磐会学園大学	国際コミュニケーション学部	国際幼児児童教育学科	
東大阪大学	こども学部	こども学科	
		アジアこども学科	
プール学院大学	国際文化学部	子ども教育学科	
平安女学院大学	子ども学部	子ども学科	
神戸大学	発達科学部	人間形成学科	
芦屋大学	臨床教育学部	児童教育学科	
関西学院大学	教育学部	幼児・初等教育学科	
関西国際大学	教育学部	教育福祉学科	
近大姫路大学	教育学部	こども未来学科	
甲南女子大学	人間科学部	総合子ども学科	
神戸海星女子学院大学	現代人間学部	心理こども学科	
神戸松蔭女子学院大学	人間科学部	子ども発達学科	
神戸女子大学	文学部	教育学科	
神戸親和女子大学	発達教育学部	児童教育学科	

大学	学部	学科・課程	専攻
園田学園女子大学	人間教育学部	児童教育学科	
武庫川女子大学	文学部	教育学科	
奈良女子大学	文学部	人間科学科	
畿央大学	教育学部	現代教育学科	
環太平洋大学	次世代教育学部	学級経営学科	初等教育専攻
くらしき作陽大学	子ども教育学部	子ども教育学科	
就実大学	教育学部	初等教育学科	
中国学園大学	子ども学部	子ども学科	
ノートルダム清心女子大学	人間生活学部	児童学科	
美作大学	生活科学部	児童学科	
比治山大学	現代文化学部	子ども発達教育学科	
広島文化学園大学	学芸学部	子ども学科	
安田女子大学	文学部	児童教育学科	
東亜大学	人間科学部	人間社会学科	児童教育専攻
梅光学院大学	子ども学部	子ども未来学科	
山口学芸大学	教育学部	子ども教育学科	
四国大学	生活科学部	児童学科	
徳島文理大学	人間生活学部	児童学科	
香川大学	教育学部	学校教育教員養成課程	
四国学院大学	文学部	教育学科	
高松大学	発達科学部	子ども発達学科	
愛媛大学	教育学部	学校教育教員養成課程	
		特別支援教育教員養成課程	
福岡教育大学	教育学部	初等教育教員養成課程	
九州女子大学	人間科学部	人間発達学科	人間発達学専攻
西南学院大学	人間科学部	児童教育学科	
西九州大学	子ども学部	子ども学科	
長崎純心大学	人文学部	児童保育学科	
宮崎大学	教育文化学部	学校教育課程	
南九州大学	人間発達学部	子ども教育学科	
鹿児島大学	教育学部	学校教育教員養成課程	
鹿児島国際大学	福祉社会学部	児童学科	
鹿児島純心女子大学	国際人間学部	こども学科	

大学	学部	学科・課程	専攻
沖縄大学	人文学部第一部	こども文化学科	

※横浜国立大学に出願できる者は学士に限る
※ただし、欠員がなければ募集を行わない大学もある

資料2　一種免許のない人が教員を目指せる大学院一覧

注　意

- ◆ 以下の情報は、平成23年4月時点で確認できた情報です。
- ◆ 多くの大学院では、専修免許の取得ができますが、一種免許を持っている校種・教科に限られることがほとんどです。ここでは、教員免許をまったく持っていない人が専修免許を取得できるカリキュラムを持つ大学院と、何らかの免許を持っている人が小学校の一種免許を取得できるカリキュラムを持つ大学院をご紹介します。
- ◆ 備考欄に記載がない場合は、3年以上の履修が必要です。
- ◆ 詳細は、必ず募集要項でご確認ください。

◎教員免許がゼロから取得できる大学院一覧

大学院	研究科	名称	学校種	備考
北海道教育大学大学院	教育学研究科	教員免許状取得特別プログラム	小中	
秋田大学大学院	教育学研究科	教職チャレンジ制度	小中高	
新潟大学大学院	教育学研究科	中学校教員養成特別プログラム	中	2年で取得可
上越教育大学大学院	学校教育研究科	教育職員免許取得プログラム	小中高	
福井大学大学院	教育学研究科		小中高	
愛知教育大学大学院	教育学研究科	小学校教員免許取得コース	小	
三重大学大学院	教育学研究科		小中高	
大阪教育大学大学院	教育学研究科	学校教員養成課程（小学校コース・中学校コース）	小中高	
奈良教育大学大学院	教職大学院	長期在学コース小学校教員免許取得プログラム	小	
兵庫教育大学大学院	学校教育研究科	小学校教員養成特別コース	小	
		理数系教員養成特別プログラム	中高	取得可能な教科は、数学・理科のみ
和歌山大学大学院	教育学研究科	教育職員免許状取得プログラム	幼小中高	
鳴門教育大学大学院	学校教育研究科	学校教員養成プログラム	幼小中	
香川大学大学院	教育学研究科	小学校教員免許取得コース	小	

※努力によって、複数校種の教員免許取得は可能だが、時間割等の関係で、必ず取得できるとは限らない

◎他の免許取得者が小学校一種免許を取得できる大学院一覧

大学院	研究科	名称	学校種	備考
宇都宮大学大学院	教育学研究科	教員免許取得プログラム	小	中・高の免許取得者のみ小免取得可
創価大学大学院	教職大学院	人間教育プロフェッショナルコース	小	小二種・幼二種・中一種・高一種免許取得者のみ小免取得可
玉川大学大学院	教職大学院		小	幼・中・高の免許取得者のみ小免取得可
帝京大学大学院	教職大学院	教育実践高度化コース	小	幼・小二種・中の免許取得者のみ小免取得可
鹿児島大学大学院	教育学研究科		小	中・高の免許取得者のみ小免取得可

資料3　教員免許の取得できる通信制大学・大学院一覧
【幼稚園・小学校】

注　意

◆ 以下の情報は、平成23年4月時点で確認できた情報です。
◆ 詳細は、必ず募集要項でご確認ください。

■幼稚園

種別	大学・大学院	学部・研究科	学科	専攻	入学定員
一種	星槎大学	共生科学部	共生科学科	初等教育専攻	50
	東京福祉大学	社会福祉学部	保育児童学科		500
	聖徳大学	児童学部	児童学科		400
	聖徳大学短期大学部		専攻科	通信教育部保育専攻	50
	淑徳大学	国際コミュニケーション学部	人間環境学科	こども教育専攻幼稚園コース	150
	創価大学	教育学部	児童教育学科		700
	玉川大学	教育学部	教育学科		1500
	東京未来大学	こども心理学部	こども心理学科		150
	日本女子大学	家政学部	児童学科		1000
	明星大学	人文学部	心理・教育学科		2000
		教育学部	教育学科		2000
	佛教大学	教育学部	教育学科		1000
	大阪芸術大学	芸術学部	初等芸術教育学科		130
	近大姫路大学	教育学部	こども未来学科		400
	神戸親和女子大学	発達教育学部	児童教育学科		200
二種	東京福祉大学短期大学部		こども学科		800
	聖徳大学短期大学部		保育科		500
	帝京短期大学		こども教育学科		250
	大阪芸術大学短期大学部		保育学科		1000
	近畿大学豊岡短期大学		こども学科		2000
	近畿大学九州短期大学		保育科		400
専修	東京福祉大学大学院	社会福祉学研究科		児童学専攻	10
	聖徳大学大学院	児童学研究科		児童学専攻	100
	明星大学大学院	人文学研究科		教育学専攻	30
	佛教大学大学院	教育学研究科		生涯教育専攻	10

■小学校

種別	大学・大学院	学部・研究科	学科	専攻	入学定員
一種	星槎大学	共生科学部	共生科学科	初等教育専攻	50
	東京福祉大学	社会福祉学部	保育児童学科		500
		教育学部	教育学科		480
	聖徳大学	児童学部	児童学科		400
	淑徳大学	国際コミュニケーション学部	人間環境学科	こども教育専攻小学校コース	150
	創価大学	教育学部	児童教育学科		700
	玉川大学	教育学部	教育学科		1500
	東京未来大学	こども心理学部	こども心理学科		150
	日本女子大学	家政学部	児童学科		1000
	明星大学	人文学部	心理・教育学科	教育学専修	2000
		教育学部	教育学科		2000
	佛教大学	教育学部	教育学科		1000
	大阪芸術大学	芸術学部	初等芸術教育学科		130
	近大姫路大学	教育学部	こども未来学科		400
	神戸親和女子大学	発達教育学部	児童教育学科		200
	環太平洋大学	次世代教育学部	学級経営学科		300
二種	東京福祉大学短期大学部		こども学科		800
専修	聖徳大学大学院	児童学研究科		児童学専攻	100
	明星大学大学院	人文学研究科		教育学専攻	30
	岐阜女子大学大学院	文化創造学研究科		初等教育学専攻	15
	佛教大学大学院	教育学研究科		生涯教育専攻	10

資料4　教員免許の取得できる通信制大学・大学院一覧
【中学・高校】

注　意

◆　以下の情報は、平成23年4月時点で確認できた情報です。
◆　詳細は、必ず募集要項でご確認ください。

■国語・書道

種別	大学・大学院	学部・研究科	学科・専攻	入学定員	中学国語	高校国語	高校書道
一種	聖徳大学	人文学部	日本文化学科	100	○	○	○
	慶應義塾大学	文学部		3000	○	○	
	東洋大学	文学部	日本文学文化学科	1000	○	○	
	日本大学	文理学部	文学専攻	3000	○	○	
	法政大学	文学部	日本文学科	3000	○	○	
	明星大学	教育学部	教育学科	2000	○	○	
	佛教大学	仏教学部	仏教学科	300	○	○	
		文学部	日本文学科	300	○	○	○
			人文学科	900	○	○	○
			中国学科	300	○	○	○
	大阪芸術大学	芸術学部	文芸学科	100	○	○	
専修	日本大学大学院	総合社会情報研究科	文化情報専攻	30	○	○	
	佛教大学大学院	文学研究科	国文学専攻	10	○	○	
			中国文学専攻	10	○	○	

■数学

種別	大学・大学院	学部・研究科	学科・専攻	入学定員	中学	高校
一種	北海道情報大学	経営情報学部	システム情報学科	800		○
	明星大学	教育学部	教育学科	2000	○	○
	佛教大学	教育学部	教育学科	1000	○	○
専修	佛教大学大学院	教育学研究科	生涯教育専攻	10	○	○
	東亜大学大学院	総合学術研究科	情報処理工学専攻	28	○	○

■理科

種別	大学・大学院	学部・研究科	学科・専攻	入学定員	中学	高校
一種	明星大学	教育学部	教育学科	2000	○	○
専修	倉敷芸術科学大学大学院	産業科学技術研究科	機能物質化学専攻	20	○	○
	東亜大学大学院	総合学術研究科	環境科学専攻	14	○	○

■社会・地理歴史・公民

種別	大学・大学院	学部・研究科	学科・専攻	入学定員	中学社会	高校地歴	高校公民
一種	星槎大学	共生科学部	共生科学科共生科学専攻	410	○		○
	東京福祉大学	社会福祉学部		920			○
	聖徳大学	人文学部	日本文化学科	100	○	○	
			心理学科	100			○
	慶應義塾大学	文学部		3000	○	○	
		経済学部		4000	○		○
		法学部		2000	○		○
	創価大学	経済学部	経済学科	2000	○		○
		法学部	法律学科	2000	○		○
	玉川大学	教育学部	教育学科	1500	○		○
	帝京平成大学	現代ライフ学部	経営マネージメント学科	220	○		○
	東洋大学	法学部	法律学科	1000	○		○
	日本大学	法学部	法律学科	3000	○		○
			政治経済学科	3000	○		○
		文理学部	哲学専攻	3000	○		○
			史学専攻	3000	○	○	
		経済学部	経済学科	1500	○		○
		商学部	商業学科	1500	○		○
	法政大学	法学部	法律学科	3000	○		○
		文学部	史学科	3000	○	○	
			地理学科	3000	○	○	
		経済学部	経済学科	3000	○		○
			商業学科	3000	○		○
	明星大学	教育学部	教育学科	2000	○		○
	佛教大学	仏教学部	仏教学科	300	○		○
		文学部	人文学科	900	○		○
		歴史学部	歴史学科	150	○	○	
			歴史文化学科	300	○	○	○
		教育学部	教育学科	1000	○		

種別	大学・大学院	学部・研究科	学科・専攻	入学定員	中学 社会	高校 地歴	高校 公民
一種	佛教大学	社会学部	現代社会学科	500	○	○	○
			公共政策学科	500	○	○	○
		社会福祉学部	社会福祉学科	1200	○		○
専修	日本大学大学院	総合社会情報研究科	国際情報専攻	30	○		○
			人間科学専攻	30	○		○
	明星大学大学院	人文学研究科	教育学専攻	30	○		○
	日本福祉大学大学院	国際社会開発研究科	国際社会開発専攻	25			
	京都産業大学大学院	経済学研究科	経済学専攻	10	○		○
	佛教大学大学院	文学研究科	浄土学専攻	10			
			仏教学専攻	10			
			仏教文化専攻	10		○	
			日本史学専攻	10		○	
			東洋史学専攻	10		○	
		教育学研究科	生涯教育専攻	10	○		○
		社会学研究科	社会学専攻	10	○		○
		社会福祉学研究科	社会福祉学専攻	10			○
	倉敷芸術科学大学大学院	人間文化研究科	人間文化専攻	30	○		○
	東亜大学大学院	総合学術研究科	法学専攻	50			○

■保健体育・保健

種別	大学・大学院	学部・研究科	学科・専攻	入学定員	中学保健体育	高校保健体育	中学保健	高校保健
一種	東京福祉大学	教育学部	教育学科	480			○	○
	日本女子大学	家政学部	食物学科	1000			○	○
専修	東亜大学大学院	総合学術研究科	人間科学専攻	50	○	○		

■音楽

種別	大学	学部	学科	入学定員	中学	高校
一種	明星大学	教育学部	教育学科	2000	○	○
	大阪芸術大学	芸術学部	音楽学科	100	○	○

■美術・工芸

種別	大学・大学院	学部・研究科	学科・専攻	入学定員	中学美術	高校美術	高校工芸
一種	武蔵野美術大学	造形学部	油絵学科	200	○	○	○
			工芸工業デザイン学科	150	○	○	○
			芸術文化学科	100	○	○	○
	明星大学	教育学部	教育学科	2000	○		
	愛知産業大学	造形学部	デザイン学科	200	○		
	京都造形芸術大学	芸術学部	芸術学科	140	○	○	
			美術科	300	○	○	
			デザイン科	210	○	○	
	大阪芸術大学	芸術学部	美術学科	100	○	○	○
			デザイン学科	100	○	○	○
			工芸学科	100	○	○	○
専修	京都造形芸術大学大学院	芸術研究科	芸術環境専攻	80	○	○	
	倉敷芸術科学大学大学院	芸術研究科	美術専攻	10	○	○	
	東亜大学大学院	総合学術研究科	デザイン専攻	14	○	○	○

■家庭

種別	大学・大学院	学部・研究科	学科・専攻	入学定員	中学	高校
一種	日本女子大学	家政学部	食物学科	1000	○	○
			生活芸術学科	1000	○	○
専修	日本女子大学大学院	家政学研究科	家政学専攻	20	○	○

■技術・工業

なし

■職業指導

なし

■宗教

種別	大学・大学院	学部・研究科	学科・専攻	入学定員	中学	高校
一種	佛教大学	仏教学部	佛教学科	300	○	○
		文学部	人文学科	900	○	○
専修	佛教大学大学院	文学研究科	浄土学専攻	10	○	○
			仏教学専攻	10	○	○
	高野山大学大学院	文学研究科	密教学専攻	20	○	○

■英語

種別	大学・大学院	学部・研究科	学科・専攻	入学定員	中学	高校
一種	聖徳大学	人文学部	英米文化学科	100	○	○
	慶應義塾大学	文学部		3000	○	○
	東京福祉大学	教育学部	教育学科	480	○	○
	日本大学	文理学部	文学専攻	3000	○	○
	明星大学	教育学部	教育学科	2000	○	○
	佛教大学	文学部	英米学科	300	○	○
	環太平洋大学	次世代教育学部	学級経営学科	60	○	○
二種	愛知産業大学短期大学部	国際コミュニケーション学科		600	○	
専修	日本大学大学院	総合社会情報研究科	文化情報専攻	30	○	○
	名古屋学院大学大学院	外国語学研究科	英語学専攻	40	○	○
	佛教大学大学院	文学研究科	英米文学専攻	10	○	○

■中国語

種別	大学	学部	学科	入学定員	中学	高校
一種	佛教大学	文学部	中国学科	300	○	○

■フランス語

なし

■ドイツ語

なし

■職業

なし

■看護

なし

■情報

種別	大学・大学院	学部・研究科	学科・専攻	入学定員
一種	北海道情報大学	経営情報学部	経営ネットワーク学科	400
			システム情報学科	800
	帝京大学	理工学部	情報科学科	200
	東京福祉大学	教育学部	教育学科	480
	帝京平成大学	現代ライフ学部	経営マネジメント学科	220

種別	大学・大学院	学部・研究科	学科・専攻	入学定員
一種	武蔵野美術大学	造形学部	デザイン情報学科	150
	佛教大学	社会学部	現代社会学科	500
専修	帝京大学大学院	理工学研究科	情報科学専攻	20
	東亜大学大学院	総合学術研究科	情報処理工学専攻	28

■農業
なし

■商業

種別	大学	学部	学科	入学定員
一種	北海道情報大学	経営情報学部	経営ネットワーク学科	400
			システム情報学科	800
	帝京平成大学	現代ライフ学部	経営マネージメント学科	220
	日本大学	経済学部	経済学科	1500
		商学部	商業学科	1500
	法政大学	経済学部	商業学科	3000
	大阪学院大学	流通科学部	流通科学科	1000

■水産
なし

■福祉

種別	大学・大学院	学部・研究科	学科・専攻	入学定員
一種	東北福祉大学	総合福祉学部	社会福祉学科	600
	東京福祉大学	社会福祉学部	社会福祉学科	920
	聖徳大学	人文学部	社会福祉学科	200
	中部学院大学	人間福祉学部	人間福祉学科	300
	佛教大学	社会福祉学部	社会福祉学科	1200
	九州保健福祉大学	社会福祉学部	臨床福祉学科	500
専修	東京福祉大学大学院	社会福祉学研究科	社会福祉学専攻	30
	吉備国際大学大学院	社会福祉学研究科	社会福祉学専攻	10
	九州保健福祉大学大学院	社会福祉学研究科	社会福祉学専攻	20

■商船
なし

資料5　教員免許の取得できる通信制大学・大学院一覧【その他】

> ― 注　意 ―
> ◆ 以下の情報は、平成 23 年 4 月時点で確認できた情報です。
> ◆ 特別支援学校教諭免許状を取得するには、普通免許状（幼稚園、小学校、中学校、高等学校のいずれか）を有していることが必要です。
> ◆ 詳細は、必ず募集要項でご確認ください。

■特別支援学校

種別	大学	学部	学科・専攻	入学定員	視覚障害者	聴覚障害者	知的障害者	肢体不自由者	病弱者
一種	星槎大学	共生科学部	共生科学科共生科学専攻	410			○	○	○
	東北福祉大学	総合福祉学部	社会福祉学科	600	○		○	○	○
	東京福祉大学	社会福祉学部	社会福祉学科	920			○	○	○
	明星大学	教育学部	教育学科	2000			○	○	○
	佛教大学	教育学部	教育学科	1000			○	○	○
		仏教学部	佛教学科	300			○	○	○
		文学部	日本文学科	300			○	○	○
			中国学科	150			○	○	○
			英米学科	300			○	○	○
			人文学科	900			○	○	○
		歴史学部	歴史学科	150			○	○	○
			歴史文化学科	300			○	○	○
		社会学部	現代社会学科	500			○	○	○
			公共政策学科	500			○	○	○
		社会福祉学部	社会福祉学科	1200			○	○	○
	神戸親和女子大学	発達教育学部	児童教育学科	200	○		○	○	○

■養護

種別	大学	学部	学科	入学定員
一種	東京福祉大学	教育学部	教育学科	480
	人間総合科学大学	人間科学部	人間科学科	100
	聖徳大学	人文学部	社会福祉学科	200
	近大姫路大学	教育学部	こども未来学科	400

■栄養
なし

資料6　教職大学院一覧

> **注　意**
> ◆　以下の情報は、平成23年4月時点で確認できた情報です。
> ◆　詳細は、必ず募集要項でご確認ください。

◎　国立

所在地	大学院	研究科	専攻	入学定員
北海道	北海道教育大学大学院	教育学研究科	高度教職実践専攻	45人
宮城県	宮城教育大学大学院	教育学研究科	高度教職実践専攻	32人
山形県	山形大学大学院	教育実践研究科	教職実践専攻	20人
群馬県	群馬大学大学院	教育学研究科	教職リーダー専攻	16人
東京都	東京学芸大学大学院	教育学研究科	教育実践創成専攻	30人
新潟県	上越教育大学大学院	学校教育研究科	教育実践高度化専攻	50人
福井県	福井大学大学院	教育学研究科	教職開発専攻	30人
山梨県	山梨大学大学院	教育学研究科	教育実践創成専攻	14人
岐阜県	岐阜大学大学院	教育学研究科	教職実践開発専攻	20人
静岡県	静岡大学大学院	教育学研究科	教育実践高度化専攻	20人
愛知県	愛知教育大学大学院	教育実践研究科	教職実践専攻	50人
京都府	京都教育大学大学院	連合教職実践研究科	教職実践専攻	60人
兵庫県	兵庫教育大学大学院	学校教育研究科	教育実践高度化専攻	100人
奈良県	奈良教育大学大学院	教育学研究科	教職開発専攻	20人
岡山県	岡山大学大学院	教育学研究科	教職実践専攻	20人
徳島県	鳴門教育大学大学院	学校教育研究科	高度学校教育実践専攻	50人
福岡県	福岡教育大学大学院	教育学研究科	教職実践専攻	20人
長崎県	長崎大学大学院	教育学研究科	教職実践専攻	20人
宮崎県	宮崎大学大学院	教育学研究科	教職実践開発専攻	28人

◎　私立

所在地	大学院	研究科	専攻	入学定員
千葉県	聖徳大学大学院	教職研究科	教職実践専攻	30人
東京都	創価大学大学院	教職研究科	教職専攻	25人
東京都	玉川大学大学院	教育学研究科	教職専攻	20人
東京都	帝京大学大学院	教職研究科	教職実践専攻	30人
東京都	早稲田大学大学院	教職研究科	高度教職実践専攻	70人
静岡県	常葉学園大学大学院	初等教育高度実践研究科	初等教育高度実践専攻	20人

※上記大学院を修了することで得られる学位は教職修士（専門職）となる

資料7　教員採用試験・競争率一覧

注　意

- ◆ 以下の情報は、平成23年4月時点で確認できた情報です。
- ◆ 以下の表では、教員採用試験の競争率の一覧を示しました。集計の仕方が自治体によって異なるため、厳密な意味での比較はできませんが、校種・教科・地域による競争率の違いについて、おおまかな傾向を読み取ることができると思われます。
- ◆ 中学・高校の採用試験を一括して行っている自治体の場合には、同じ数字を、中学・高校の両方の欄に記載しました。
- ◆ すべての自治体で教科別の競争率や競争率を算出するにあたって必要な数字が公表されているわけではないため、分からない場合には―（ハイフン）を入れてあります。
- ◆ 教員免許を取得する際、どの教科を選択するのか、どの地域の教員採用試験を受験するのか迷った場合、参考になさって下さい。

■小学校

自治体	H22年度試験倍率	H23年度試験倍率
北海道・札幌市	4.8倍	4.1倍
青森県	25.2倍	17.9倍
岩手県	22.5倍	32.4倍
宮城県・仙台市	7.8倍	6.1倍
秋田県	10.0倍	12.8倍
山形県	4.9倍	4.5倍
福島県	12.5倍	9.4倍
茨城県	5.0倍	4.4倍
栃木県	5.0倍	4.9倍
群馬県	4.9倍	5.4倍
埼玉県	3.0倍	3.3倍
さいたま市	3.3倍	4.1倍
千葉県・千葉市	2.6倍	2.7倍
東京都	3.2倍	3.8倍
神奈川県・相模原市	2.4倍	2.9倍
横浜市	2.8倍	3.7倍
川崎市	2.5倍	4.7倍
新潟県	5.4倍	3.1倍
新潟市	6.3倍	6.4倍
富山県	3.4倍	2.5倍
石川県	4.6倍	3.5倍
福井県	7.5倍	7.6倍
山梨県	5.8倍	7.0倍

自治体	H22年度試験倍率	H23年度試験倍率
長野県	8.9倍	7.5倍
岐阜県	4.3倍	2.7倍
静岡県	3.5倍	4.4倍
静岡市	4.1倍	5.4倍
浜松市	3.1倍	3.6倍
愛知県	3.0倍	3.7倍
名古屋市	3.5倍	4.1倍
三重県	4.5倍	4.2倍
滋賀県	3.8倍	2.8倍
京都府	4.3倍	4.3倍
京都市	5.3倍	4.7倍
大阪府	3.0倍	3.4倍
大阪市	3.0倍	3.5倍
堺市	3.0倍	3.1倍
兵庫県	4.2倍	4.7倍
神戸市	4.2倍	4.5倍
奈良県	3.8倍	3.9倍
和歌山県	4.0倍	4.1倍
鳥取県	8.7倍	6.5倍
島根県	4.4倍	4.8倍
岡山県・岡山市	4.4倍	3.3倍
広島県・広島市	2.4倍	2.5倍
山口県	5.9倍	3.4倍

自治体	H22年度試験倍率	H23年度試験倍率
徳島県	5.1倍	5.0倍
香川県	4.8倍	3.2倍
愛媛県	4.7倍	6.7倍
高知県	4.8倍	5.0倍
福岡県	8.0倍	5.7倍
福岡市	6.7倍	5.6倍
北九州市	5.1倍	3.6倍

自治体	H22年度試験倍率	H23年度試験倍率
佐賀県	7.9倍	6.8倍
長崎県	15.2倍	13.7倍
熊本県	8.8倍	9.2倍
大分県	8.8倍	7.2倍
宮崎県	10.1倍	11.8倍
鹿児島県	9.0倍	8.5倍
沖縄県	13.6倍	14.7倍

■中学校・国語

自治体	H22年度試験倍率	H23年度試験倍率
北海道・札幌市	6.1倍	5.4倍
青森県	—	8.0倍
岩手県	16.3倍	—
宮城県・仙台市	17.1倍	8.9倍
秋田県	43.0倍	19.0倍
山形県	9.8倍	13.0倍
福島県	24.2倍	15.0倍
茨城県	3.3倍	5.2倍
栃木県	11.7倍	9.9倍
群馬県	5.7倍	6.6倍
埼玉県	9.8倍	9.4倍
さいたま市	6.4倍	9.6倍
千葉県・千葉市	4.5倍	4.6倍
東京都	5.7倍	5.9倍
神奈川県・相模原市	4.8倍	4.5倍
横浜市	6.9倍	4.6倍
川崎市	3.2倍	8.1倍
新潟県	13.7倍	4.4倍
新潟市	19.0倍	21.0倍
富山県	—	—
石川県	5.3倍	3.6倍
福井県	—	—
山梨県	—	12.8倍
長野県	—	—
岐阜県	4.9倍	3.6倍
静岡県	3.6倍	4.9倍
静岡市	7.3倍	3.8倍
浜松市	6.6倍	8.0倍

自治体	H22年度試験倍率	H23年度試験倍率
愛知県	4.7倍	6.0倍
名古屋市	6.3倍	6.6倍
三重県	6.7倍	7.6倍
滋賀県	—	—
京都府	7.4倍	5.3倍
京都市	7.8倍	5.0倍
大阪府	4.3倍	3.2倍
大阪市	2.1倍	2.3倍
堺市	6.9倍	3.6倍
兵庫県	5.3倍	7.4倍
神戸市	5.9倍	4.9倍
奈良県	11.1倍	6.7倍
和歌山県	6.8倍	5.3倍
鳥取県	37.0倍	25.5倍
島根県	13.7倍	14.0倍
岡山県・岡山市	9.2倍	8.1倍
広島県・広島市	4.7倍	9.8倍
山口県	17.7倍	7.8倍
徳島県	15.7倍	9.3倍
香川県	11.0倍	5.6倍
愛媛県	—	—
高知県	3.3倍	2.9倍
福岡県	15.8倍	14.8倍
福岡市	10.7倍	16.5倍
北九州市	3.3倍	4.2倍
佐賀県	18.0倍	6.0倍
長崎県	14.5倍	18.0倍
熊本県	10.0倍	13.8倍

自治体	H22年度試験倍率	H23年度試験倍率
大分県	13.3 倍	18.0 倍
宮崎県	9.8 倍	25.0 倍

自治体	H22年度試験倍率	H23年度試験倍率
鹿児島県	14.6 倍	12.0 倍
沖縄県	14.9 倍	34.2 倍

■中学校・数学

自治体	H22年度試験倍率	H23年度試験倍率
北海道・札幌市	4.0 倍	4.0 倍
青森県	—	5.6 倍
岩手県	4.9 倍	—
宮城県・仙台市	5.5 倍	4.9 倍
秋田県	65.0 倍	29.5 倍
山形県	5.1 倍	9.1 倍
福島県	21.8 倍	16.0 倍
茨城県	3.8 倍	3.7 倍
栃木県	5.2 倍	4.9 倍
群馬県	3.2 倍	3.1 倍
埼玉県	3.4 倍	3.7 倍
さいたま市	7.5 倍	6.5 倍
千葉県・千葉市	3.3 倍	3.6 倍
東京都	4.0 倍	4.5 倍
神奈川県・相模原市	3.8 倍	3.5 倍
横浜市	3.7 倍	2.8 倍
川崎市	2.4 倍	5.6 倍
新潟県	3.8 倍	3.8 倍
新潟市	3.8 倍	6.0 倍
富山県	—	—
石川県	4.9 倍	3.4 倍
福井県	—	—
山梨県	—	4.9 倍
長野県	—	—
岐阜県	3.2 倍	2.3 倍
静岡県	3.3 倍	3.5 倍
静岡市	5.4 倍	4.6 倍
浜松市	4.0 倍	3.7 倍
愛知県	4.9 倍	3.6 倍
名古屋市	3.6 倍	5.4 倍

自治体	H22年度試験倍率	H23年度試験倍率
三重県	4.7 倍	3.7 倍
滋賀県	—	—
京都府	2.8 倍	3.1 倍
京都市	11.5 倍	14.1 倍
大阪府	3.2 倍	2.1 倍
大阪市	1.5 倍	1.7 倍
堺市	4.2 倍	2.3 倍
兵庫県	3.6 倍	3.2 倍
神戸市	4.3 倍	3.9 倍
奈良県	4.2 倍	3.1 倍
和歌山県	3.7 倍	4.3 倍
鳥取県	50.0 倍	16.7 倍
島根県	9.0 倍	8.0 倍
岡山県・岡山市	6.1 倍	4.8 倍
広島県・広島市	5.1 倍	4.8 倍
山口県	5.4 倍	5.1 倍
徳島県	7.8 倍	6.7 倍
香川県	5.4 倍	8.3 倍
愛媛県	—	—
高知県	4.9 倍	4.7 倍
福岡県	8.1 倍	6.8 倍
福岡市	7.5 倍	7.0 倍
北九州市	5.5 倍	3.5 倍
佐賀県	5.9 倍	5.9 倍
長崎県	18.8 倍	16.6 倍
熊本県	6.7 倍	7.2 倍
大分県	8.7 倍	7.4 倍
宮崎県	5.5 倍	6.5 倍
鹿児島県	7.3 倍	6.3 倍
沖縄県	71.5 倍	30.6 倍

■中学校・理科

自治体	H22年度試験倍率	H23年度試験倍率
北海道・札幌市	4.2倍	3.6倍
青森県	―	4.4倍
岩手県	6.6倍	―
宮城県・仙台市	4.8倍	3.2倍
秋田県	32.0倍	26.0倍
山形県	4.5倍	3.4倍
福島県	7.3倍	5.1倍
茨城県	3.4倍	3.8倍
栃木県	4.8倍	3.4倍
群馬県	3.9倍	4.0倍
埼玉県	3.4倍	4.1倍
さいたま市	4.0倍	4.4倍
千葉県・千葉市	2.6倍	2.6倍
東京都　（物理）	3.5倍	3.5倍
（化学）	4.7倍	3.8倍
（生物）	3.9倍	3.3倍
（地学）	募集なし	募集なし
神奈川県・相模原市	3.5倍	3.1倍
横浜市	3.9倍	2.7倍
川崎市	4.5倍	3.8倍
新潟県	2.4倍	2.8倍
新潟市	5.0倍	4.5倍
富山県	―	―
石川県	4.7倍	3.6倍
福井県	―	―
山梨県	―	3.9倍
長野県	―	―
岐阜県	2.2倍	2.3倍
静岡県	4.2倍	2.3倍
静岡市	5.0倍	2.9倍
浜松市	2.5倍	2.5倍
愛知県	3.3倍	2.9倍

自治体	H22年度試験倍率	H23年度試験倍率
名古屋市	3.4倍	4.0倍
三重県	4.5倍	3.9倍
滋賀県	―	―
京都府	3.0倍	3.0倍
京都市	7.8倍	6.6倍
大阪府	3.1倍	2.3倍
大阪市	1.6倍	1.7倍
堺市	3.3倍	2.4倍
兵庫県	3.1倍	2.9倍
神戸市	3.4倍	3.7倍
奈良県	4.7倍	2.6倍
和歌山県	3.1倍	3.1倍
鳥取県	30.0倍	10.8倍
島根県	12.7倍	16.5倍
岡山県・岡山市	8.3倍	5.4倍
広島県・広島市	3.2倍	2.5倍
山口県	6.6倍	3.8倍
徳島県	6.5倍	6.7倍
香川県	5.5倍	4.3倍
愛媛県	―	―
高知県	4.5倍	3.4倍
福岡県	9.2倍	6.9倍
福岡市	5.6倍	5.1倍
北九州市	4.8倍	3.0倍
佐賀県	2.6倍	3.7倍
長崎県	10.3倍	7.7倍
熊本県	11.3倍	7.1倍
大分県	10.5倍	6.1倍
宮崎県	10.5倍	8.5倍
鹿児島県	6.3倍	4.9倍
沖縄県	3.7倍	4.5倍

■中学校・社会

自治体	H22年度試験倍率	H23年度試験倍率
北海道・札幌市	11.8倍	13.4倍
青森県	—	33.0倍
岩手県	22.8倍	—
宮城県・仙台市	27.4倍	25.4倍
秋田県	62.0倍	62.0倍
山形県	32.0倍	13.8倍
福島県	87.5倍	24.5倍
茨城県	17.4倍	14.6倍
栃木県	18.3倍	33.0倍
群馬県	13.6倍	9.3倍
埼玉県	20.9倍	19.8倍
さいたま市	8.8倍	12.1倍
千葉県・千葉市	7.6倍	10.9倍
東京都（地歴）	13.2倍	15.3倍
（公民）	12.8倍	14.5倍
神奈川県・相模原市	13.0倍	12.1倍
横浜市	25.1倍	11.6倍
川崎市	4.3倍	19.1倍
新潟県	17.3倍	10.9倍
新潟市	11.0倍	19.0倍
富山県	—	—
石川県	8.3倍	6.6倍
福井県	—	—
山梨県	—	28.7倍
長野県	—	—
岐阜県	14.8倍	5.4倍
静岡県	8.6倍	6.9倍
静岡市	12.5倍	7.0倍
浜松市	5.9倍	15.0倍
愛知県	8.8倍	12.3倍
名古屋市	9.9倍	24.7倍

自治体	H22年度試験倍率	H23年度試験倍率
三重県	13.4倍	8.8倍
滋賀県	—	—
京都府	11.1倍	10.6倍
京都市	13.9倍	9.9倍
大阪府	9.7倍	6.4倍
大阪市	24.6倍	10.4倍
堺市	9.7倍	7.4倍
兵庫県	11.9倍	9.4倍
神戸市	7.8倍	11.3倍
奈良県	19.5倍	8.9倍
和歌山県	9.6倍	10.6倍
鳥取県	50.0倍	87.0倍
島根県	19.0倍	28.5倍
岡山県・岡山市	13.2倍	11.1倍
広島県・広島市	6.2倍	5.9倍
山口県	20.3倍	8.5倍
徳島県	16.7倍	20.0倍
香川県	66.0倍	8.7倍
愛媛県	—	—
高知県	18.8倍	20.0倍
福岡県	45.0倍	24.3倍
福岡市	21.8倍	21.1倍
北九州市	14.2倍	12.2倍
佐賀県	11.0倍	15.2倍
長崎県	47.0倍	30.0倍
熊本県	34.0倍	31.3倍
大分県	21.8倍	40.0倍
宮崎県	35.0倍	33.5倍
鹿児島県	17.3倍	22.1倍
沖縄県	112.5倍	90.0倍

■中学校・保健体育

自治体	H22年度試験倍率	H23年度試験倍率
北海道・札幌市	11.6倍	11.3倍
青森県	—	17.2倍
岩手県	42.5倍	—
宮城県・仙台市	13.7倍	12.3倍
秋田県	32.0倍	33.0倍
山形県	19.0倍	10.8倍
福島県	22.1倍	15.4倍
茨城県	6.9倍	8.6倍
栃木県	19.7倍	15.8倍
群馬県	6.7倍	8.1倍
埼玉県	9.0倍	9.2倍
さいたま市	12.8倍	13.7倍
千葉県・千葉市	7.9倍	10.5倍
東京都	10.2倍	10.4倍
神奈川県・相模原市	11.1倍	9.1倍
横浜市	8.4倍	8.0倍
川崎市	4.8倍	16.9倍
新潟県	12.6倍	13.6倍
新潟市	10.3倍	28.0倍
富山県	—	—
石川県	17.1倍	11.3倍
福井県	—	—
山梨県	—	11.6倍
長野県	—	—
岐阜県	7.2倍	5.2倍
静岡県	6.8倍	6.4倍
静岡市	6.3倍	5.4倍
浜松市	5.0倍	6.5倍
愛知県	10.7倍	11.1倍
名古屋市	9.2倍	7.9倍

自治体	H22年度試験倍率	H23年度試験倍率
三重県	14.2倍	6.7倍
滋賀県	—	—
京都府	6.5倍	8.0倍
京都市	11.2倍	10.3倍
大阪府	6.6倍	10.3倍
大阪市	17.3倍	11.6倍
堺市	8.3倍	8.8倍
兵庫県	12.6倍	11.1倍
神戸市	7.4倍	8.5倍
奈良県	9.9倍	7.4倍
和歌山県	10.2倍	11.6倍
鳥取県	49.0倍	46.0倍
島根県	9.0倍	10.2倍
岡山県・岡山市	10.2倍	8.4倍
広島県・広島市	4.1倍	7.4倍
山口県	15.2倍	14.8倍
徳島県	14.4倍	6.1倍
香川県	7.7倍	5.5倍
愛媛県	—	—
高知県	11.8倍	18.7倍
福岡県	14.7倍	13.8倍
福岡市	10.4倍	10.3倍
北九州市	8.8倍	8.6倍
佐賀県	10.3倍	10.2倍
長崎県	15.3倍	15.0倍
熊本県	20.0倍	20.0倍
大分県	21.3倍	20.7倍
宮崎県	16.3倍	36.0倍
鹿児島県	12.6倍	10.6倍
沖縄県	108.5倍	92.5倍

■中学校・音楽

自治体	H22年度試験倍率	H23年度試験倍率
北海道・札幌市	11.5倍	6.0倍
青森県	—	45.0倍
岩手県	28.0倍	—
宮城県・仙台市	8.2倍	16.3倍
秋田県	19.0倍	20.0倍
山形県	9.0倍	7.5倍
福島県	16.8倍	31.0倍
茨城県	5.2倍	4.5倍
栃木県	11.3倍	5.5倍
群馬県	5.1倍	4.7倍
埼玉県	11.3倍	11.8倍
さいたま市	7.7倍	9.7倍
千葉県・千葉市	5.8倍	7.0倍
東京都	5.1倍	7.0倍
神奈川県・相模原市	8.5倍	7.1倍
横浜市	14.7倍	16.0倍
川崎市	4.3倍	51.0倍
新潟県	13.0倍	5.4倍
新潟市	13.0倍	10.0倍
富山県	—	—
石川県	11.7倍	11.5倍
福井県	—	—
山梨県	—	7.0倍
長野県	—	—
岐阜県	10.8倍	10.5倍
静岡県	13.5倍	6.0倍
静岡市	6.5倍	20.0倍
浜松市	6.0倍	3.0倍
愛知県	8.7倍	10.0倍
名古屋市	43.0倍	17.0倍

自治体	H22年度試験倍率	H23年度試験倍率
三重県	17.3倍	9.6倍
滋賀県	—	—
京都府	10.3倍	5.3倍
京都市	38.0倍	31.0倍
大阪府	8.6倍	7.5倍
大阪市	6.3倍	6.8倍
堺市	5.6倍	10.0倍
兵庫県	16.3倍	11.3倍
神戸市	8.6倍	9.2倍
奈良県	23.0倍	15.6倍
和歌山県	6.0倍	15.0倍
鳥取県	13.0倍	23.0倍
島根県	12.5倍	33.0倍
岡山県・岡山市	35.5倍	16.0倍
広島県・広島市	4.8倍	6.9倍
山口県	35.0倍	10.5倍
徳島県	16.7倍	22.5倍
香川県	22.5倍	17.5倍
愛媛県	—	—
高知県	28.0倍	27.0倍
福岡県	52.0倍	19.7倍
福岡市	18.7倍	11.3倍
北九州市	27.0倍	24.0倍
佐賀県	18.0倍	2.9倍
長崎県	34.0倍	17.5倍
熊本県	18.7倍	30.5倍
大分県	15.5倍	18.0倍
宮崎県	募集なし	36.0倍
鹿児島県	21.3倍	27.5倍
沖縄県	33.0倍	39.3倍

■中学校・美術

自治体	H22年度試験倍率	H23年度試験倍率
北海道・札幌市	12.8倍	22.9倍
青森県	—	14.0倍
岩手県	16.0倍	—
宮城県・仙台市	14.7倍	10.5倍
秋田県	12.0倍	13.0倍
山形県	15.0倍	9.5倍
福島県	39.0倍	40.0倍
茨城県	5.6倍	5.6倍
栃木県	11.3倍	25.0倍
群馬県	3.9倍	6.2倍
埼玉県	5.0倍	3.6倍
さいたま市	6.0倍	7.0倍
千葉県・千葉市	4.0倍	4.0倍
東京都	4.6倍	5.3倍
神奈川県・相模原市	3.5倍	11.3倍
横浜市	5.3倍	10.6倍
川崎市	8.3倍	24.0倍
新潟県	6.5倍	4.4倍
新潟市	募集なし	募集なし
富山県	—	—
石川県	9.8倍	12.4倍
福井県	—	—
山梨県	—	5.0倍
長野県	—	—
岐阜県	9.8倍	5.7倍
静岡県	5.2倍	3.2倍
静岡市	6.0倍	4.0倍
浜松市	4.5倍	3.8倍
愛知県	6.2倍	5.1倍
名古屋市	10.6倍	16.3倍

自治体	H22年度試験倍率	H23年度試験倍率
三重県	6.3倍	14.7倍
滋賀県	—	—
京都府	募集なし	8.0倍
京都市	52.0倍	16.5倍
大阪府	5.0倍	4.4倍
大阪市	3.4倍	5.0倍
堺市	13.5倍	4.3倍
兵庫県	8.6倍	9.7倍
神戸市	7.0倍	7.5倍
奈良県	10.8倍	7.0倍
和歌山県	13.5倍	募集なし
鳥取県	9.0倍	20.0倍
島根県	15.0倍	11.0倍
岡山県・岡山市	11.5倍	10.7倍
広島県・広島市	3.0倍	4.2倍
山口県	17.0倍	5.5倍
徳島県	21.0倍	8.0倍
香川県	13.0倍	12.0倍
愛媛県	—	—
高知県	11.0倍	9.0倍
福岡県	募集なし	26.0倍
福岡市	募集なし	7.3倍
北九州市	14.5倍	6.5倍
佐賀県	22.0倍	8.0倍
長崎県	22.0倍	10.5倍
熊本県	20.7倍	30.5倍
大分県	15.0倍	18.0倍
宮崎県	17.0倍	14.0倍
鹿児島県	11.0倍	13.0倍
沖縄県	16.0倍	26.3倍

■中学校・家庭

自治体	H22年度試験倍率	H23年度試験倍率
北海道・札幌市	12.5倍	10.6倍
青森県	―	44.0倍
岩手県	16.0倍	―
宮城県・仙台市	66.0倍	6.5倍
秋田県	21.0倍	合格者なし
山形県	5.0倍	8.0倍
福島県	26.0倍	17.0倍
茨城県	3.1倍	2.9倍
栃木県	12.0倍	6.0倍
群馬県	3.8倍	4.3倍
埼玉県	5.0倍	3.7倍
さいたま市	5.0倍	5.5倍
千葉県・千葉市	3.9倍	6.9倍
東京都	5.6倍	4.6倍
神奈川県・相模原市	4.2倍	3.8倍
横浜市	5.5倍	8.0倍
川崎市	2.4倍	6.7倍
新潟県	5.3倍	4.0倍
新潟市	募集なし	募集なし
富山県	―	―
石川県	6.7倍	9.0倍
福井県	―	―
山梨県	―	9.0倍
長野県	―	―
岐阜県	4.0倍	4.0倍
静岡県	3.5倍	12.0倍
静岡市	5.0倍	5.0倍
浜松市	3.5倍	2.5倍
愛知県	6.5倍	4.2倍
名古屋市	11.0倍	7.5倍

自治体	H22年度試験倍率	H23年度試験倍率
三重県	10.5倍	4.8倍
滋賀県	―	―
京都府	2.3倍	募集なし
京都市	23.0倍	12.5倍
大阪府	3.3倍	3.0倍
大阪市	9.0倍	4.4倍
堺市	5.0倍	5.7倍
兵庫県	5.2倍	6.1倍
神戸市	6.2倍	5.4倍
奈良県	9.8倍	5.8倍
和歌山県	募集なし	募集なし
鳥取県	10.0倍	21.0倍
島根県	8.0倍	12.0倍
岡山県・岡山市	6.0倍	7.7倍
広島県・広島市	14.5倍	7.5倍
山口県	9.0倍	6.0倍
徳島県	30.0倍	16.0倍
香川県	6.0倍	5.5倍
愛媛県	―	―
高知県	18.0倍	8.0倍
福岡県	募集なし	13.0倍
福岡市	30.5倍	8.3倍
北九州市	22.0倍	12.0倍
佐賀県	18.0倍	7.0倍
長崎県	11.0倍	7.5倍
熊本県	14.5倍	27.0倍
大分県	19.0倍	16.0倍
宮崎県	募集なし	募集なし
鹿児島県	15.5倍	40.0倍
沖縄県	34.7倍	104.0倍

■中学校・技術

自治体	H22年度試験倍率	H23年度試験倍率
北海道・札幌市	5.8倍	5.2倍
青森県	—	17.0倍
岩手県	7.0倍	合格者なし
宮城県・仙台市	6.3倍	6.4倍
秋田県	21.0倍	合格者なし
山形県	募集なし	募集なし
福島県	15.0倍	14.0倍
茨城県	4.2倍	2.8倍
栃木県	9.0倍	14.0倍
群馬県	4.0倍	3.7倍
埼玉県	2.8倍	3.4倍
さいたま市	5.0倍	7.0倍
千葉県・千葉市	2.4倍	2.6倍
東京都	1.9倍	2.5倍
神奈川県・相模原市	3.6倍	3.4倍
横浜市	2.5倍	3.3倍
川崎市	3.0倍	4.3倍
新潟県	4.7倍	3.8倍
新潟市	合格者なし	募集なし
富山県	—	—
石川県	5.0倍	合格者なし
福井県	—	—
山梨県	—	4.0倍
長野県	—	—
岐阜県	2.6倍	3.0倍
静岡県	1.8倍	3.0倍
静岡市	5.0倍	5.0倍
浜松市	2.5倍	5.0倍
愛知県	4.0倍	2.7倍
名古屋市	2.2倍	2.2倍

自治体	H22年度試験倍率	H23年度試験倍率
三重県	5.5倍	5.0倍
滋賀県	—	—
京都府	3.0倍	6.0倍
京都市	7.0倍	14.0倍
大阪府	3.3倍	2.1倍
大阪市	2.3倍	2.3倍
堺市	5.5倍	5.0倍
兵庫県	3.4倍	2.6倍
神戸市	2.5倍	2.5倍
奈良県	9.8倍	5.8倍
和歌山県	募集なし	4.0倍
鳥取県	5.0倍	3.0倍
島根県	9.0倍	合格者なし
岡山県・岡山市	5.0倍	5.0倍
広島県・広島市	2.0倍	3.8倍
山口県	11.0倍	5.0倍
徳島県	7.0倍	6.0倍
香川県	6.0倍	4.5倍
愛媛県	—	—
高知県	4.5倍	5.0倍
福岡県	13.0倍	8.0倍
福岡市	8.0倍	6.3倍
北九州市	3.0倍	4.0倍
佐賀県	5.0倍	募集なし
長崎県	13.0倍	6.5倍
熊本県	13.0倍	27.0倍
大分県	13.0倍	12.0倍
宮崎県	募集なし	募集なし
鹿児島県	12.5倍	21.0倍
沖縄県	14.5倍	11.5倍

■中学校・英語

自治体	H22年度試験倍率	H23年度試験倍率
北海道・札幌市	8.7倍	6.3倍
青森県	―	14.3倍
岩手県	14.2倍	―
宮城県・仙台市	12.1倍	8.6倍
秋田県	65.0倍	29.5倍
山形県	10.9倍	33.0倍
福島県	76.0倍	19.7倍
茨城県	4.2倍	4.4倍
栃木県	11.8倍	8.0倍
群馬県	3.5倍	4.4倍
埼玉県	6.3倍	7.2倍
さいたま市	13.5倍	7.6倍
千葉県・千葉市	4.2倍	4.1倍
東京都	6.4倍	5.6倍
神奈川県・相模原市	5.9倍	6.6倍
横浜市	8.0倍	5.0倍
川崎市	4.1倍	6.9倍
新潟県	7.4倍	5.7倍
新潟市	6.8倍	11.0倍
富山県	―	―
石川県	5.6倍	3.8倍
福井県	―	―
山梨県	―	17.3倍
長野県	―	―
岐阜県	4.8倍	3.4倍
静岡県	7.7倍	5.2倍
静岡市	5.6倍	13.5倍
浜松市	4.3倍	5.7倍
愛知県	4.9倍	6.3倍
名古屋市	14.5倍	10.6倍

自治体	H22年度試験倍率	H23年度試験倍率
三重県	7.2倍	6.1倍
滋賀県	―	―
京都府	5.9倍	6.3倍
京都市	8.2倍	7.6倍
大阪府	5.8倍	4.9倍
大阪市	3.8倍	3.0倍
堺市	5.3倍	4.3倍
兵庫県	8.7倍	6.5倍
神戸市	8.0倍	6.4倍
奈良県	12.8倍	6.8倍
和歌山県	9.4倍	7.2倍
鳥取県	54.0倍	70.0倍
島根県	7.7倍	8.4倍
岡山県・岡山市	8.8倍	7.1倍
広島県・広島市	11.3倍	9.9倍
山口県	11.9倍	17.8倍
徳島県	6.1倍	5.3倍
香川県	8.9倍	5.9倍
愛媛県	―	―
高知県	7.1倍	5.0倍
福岡県	19.0倍	16.0倍
福岡市	15.4倍	16.4倍
北九州市	24.5倍	13.3倍
佐賀県	18.0倍	20.0倍
長崎県	89.0倍	26.0倍
熊本県	12.4倍	12.3倍
大分県	13.3倍	11.5倍
宮崎県	10.5倍	19.8倍
鹿児島県	13.9倍	12.2倍
沖縄県	125.0倍	75.7倍

■高等学校・国語

自治体	H22年度試験倍率	H23年度試験倍率
北海道・札幌市	7.9倍	11.2倍
青森県	—	4.8倍
岩手県	11.3倍	—
宮城県・仙台市	11.2倍	4.2倍
秋田県	11.3倍	5.8倍
山形県	10.0倍	11.0倍
福島県	7.2倍	5.8倍
茨城県	4.5倍	8.1倍
栃木県	9.0倍	9.2倍
群馬県	5.1倍	4.1倍
埼玉県	6.9倍	4.7倍
さいたま市	募集なし	募集なし
千葉県・千葉市	4.5倍	4.6倍
東京都	5.7倍	5.9倍
神奈川県・相模原市	5.3倍	4.6倍
横浜市	6.9倍	4.6倍
川崎市	3.2倍	8.1倍
新潟県	5.6倍	9.2倍
新潟市	募集なし	募集なし
富山県	—	—
石川県	5.3倍	3.6倍
福井県	—	—
山梨県	—	14.5倍
長野県	—	—
岐阜県	4.0倍	4.6倍
静岡県	6.9倍	6.8倍
静岡市	募集なし	募集なし
浜松市	募集なし	募集なし
愛知県	3.5倍	5.4倍
名古屋市	6.3倍	6.6倍

自治体	H22年度試験倍率	H23年度試験倍率
三重県	6.6倍	3.1倍
滋賀県	—	—
京都府	8.4倍	12.3倍
京都市	13.3倍	39.0倍
大阪府	3.3倍	2.7倍
大阪市	21.0倍	18.0倍
堺市	募集なし	募集なし
兵庫県	6.7倍	7.8倍
神戸市	5.9倍	4.9倍
奈良県	募集なし	6.9倍
和歌山県	11.7倍	6.2倍
鳥取県	18.0倍	募集なし
島根県	6.3倍	13.5倍
岡山県・岡山市	11.6倍	6.1倍
広島県・広島市	10.5倍	22.7倍
山口県	10.5倍	6.0倍
徳島県	17.3倍	14.0倍
香川県	19.0倍	9.6倍
愛媛県	—	—
高知県	13.0倍	13.3倍
福岡県・福岡市	20.1倍	11.9倍
北九州市	募集なし	募集なし
佐賀県	11.7倍	22.0倍
長崎県	4.4倍	6.7倍
熊本県	11.9倍	11.1倍
大分県	9.2倍	11.2倍
宮崎県	8.8倍	11.3倍
鹿児島県	9.0倍	8.8倍
沖縄県	23.8倍	15.7倍

■高等学校・書道

自治体	H22年度試験倍率	H23年度試験倍率
北海道・札幌市	募集なし	募集なし
青森県	募集なし	募集なし
岩手県	合格者なし	合格者なし
宮城県・仙台市	募集なし	募集なし
秋田県	募集なし	募集なし
山形県	5.0倍	7.0倍
福島県	募集なし	募集なし
茨城県	10.0倍	募集なし
栃木県	募集なし	8.0倍
群馬県	募集なし	募集なし
埼玉県	23.0倍	13.8倍
さいたま市	募集なし	募集なし
千葉県・千葉市	13.7倍	10.3倍
東京都	募集なし	募集なし
神奈川県・相模原市	募集なし	募集なし
横浜市	募集なし	募集なし
川崎市	募集なし	募集なし
新潟県	募集なし	募集なし
新潟市	募集なし	募集なし
富山県	—	—
石川県	募集なし	募集なし
福井県	募集なし	募集なし
山梨県	募集なし	募集なし
長野県	募集なし	—
岐阜県	20.0倍	19.0倍
静岡県	募集なし	募集なし
静岡市	募集なし	募集なし
浜松市	募集なし	募集なし
愛知県	募集なし	募集なし
名古屋市	募集なし	募集なし

自治体	H22年度試験倍率	H23年度試験倍率
三重県	募集なし	募集なし
滋賀県	募集なし	募集なし
京都府	募集なし	11.5倍
京都市	募集なし	募集なし
大阪府	13.0倍	8.6倍
大阪市	募集なし	募集なし
堺市	募集なし	募集なし
兵庫県	募集なし	16.0倍
神戸市	募集なし	募集なし
奈良県	募集なし	募集なし
和歌山県	15.5倍	募集なし
鳥取県	募集なし	募集なし
島根県	募集なし	募集なし
岡山県・岡山市	8.0倍	15.0倍
広島県・広島市	7.7倍	11.5倍
山口県	募集なし	募集なし
徳島県	21.0倍	8.0倍
香川県	募集なし	5.5倍
愛媛県	募集なし	募集なし
高知県	募集なし	募集なし
福岡県・福岡市	募集なし	募集なし
北九州市	募集なし	募集なし
佐賀県	募集なし	26.0倍
長崎県	募集なし	10.0倍
熊本県	募集なし	募集なし
大分県	募集なし	募集なし
宮崎県	15.0倍	募集なし
鹿児島県	17.0倍	23.0倍
沖縄県	8.0倍	15.0倍

■高等学校・数学

自治体	H22年度試験倍率	H23年度試験倍率
北海道・札幌市	3.4倍	5.1倍
青森県	12.0倍	4.5倍
岩手県	3.9倍	—
宮城県・仙台市	10.2倍	4.8倍
秋田県	11.8倍	10.8倍
山形県	11.0倍	22.0倍
福島県	14.8倍	10.4倍
茨城県	4.5倍	4.7倍
栃木県	12.8倍	11.8倍
群馬県	3.9倍	3.6倍
埼玉県	5.4倍	5.1倍
さいたま市	募集なし	募集なし
千葉県・千葉市	3.3倍	3.6倍
東京都	4.0倍	4.5倍
神奈川県・相模原市	5.2倍	4.4倍
横浜市	3.7倍	2.8倍
川崎市	2.4倍	5.6倍
新潟県	5.1倍	4.9倍
新潟市	募集なし	募集なし
富山県	—	—
石川県	4.9倍	3.4倍
福井県	—	—
山梨県	—	13.5倍
長野県	—	—
岐阜県	4.5倍	3.4倍
静岡県	6.6倍	5.3倍
静岡市	募集なし	募集なし
浜松市	募集なし	募集なし
愛知県	5.4倍	4.9倍
名古屋市	3.6倍	5.4倍

自治体	H22年度試験倍率	H23年度試験倍率
三重県	8.8倍	6.3倍
滋賀県	—	—
京都府	6.8倍	6.9倍
京都市	18.5倍	26.0倍
大阪府	3.1倍	2.4倍
大阪市	14.0倍	7.3倍
堺市	募集なし	募集なし
兵庫県	6.2倍	6.3倍
神戸市	4.3倍	3.9倍
奈良県	5.2倍	6.1倍
和歌山県	7.0倍	4.0倍
鳥取県	11.3倍	45.0倍
島根県	25.0倍	26.0倍
岡山県・岡山市	12.8倍	7.7倍
広島県・広島市	3.2倍	5.7倍
山口県	5.7倍	5.0倍
徳島県	12.0倍	8.1倍
香川県	12.0倍	6.2倍
愛媛県	—	—
高知県	7.3倍	18.0倍
福岡県・福岡市	14.3倍	13.5倍
北九州市	募集なし	募集なし
佐賀県	8.5倍	7.3倍
長崎県	8.1倍	19.0倍
熊本県	13.5倍	10.0倍
大分県	15.8倍	15.6倍
宮崎県	11.0倍	14.3倍
鹿児島県	13.1倍	9.7倍
沖縄県	14.0倍	21.5倍

■ 高等学校・理科

自治体		H22年度試験倍率	H23年度試験倍率
北海道・札幌市		5.9倍	5.9倍
青森県	（物理）	—	4.0倍
	（化学）	—	6.7倍
	（生物）	—	13.0倍
	（地学）	募集なし	6.0倍
岩手県	（物理）	3.0倍	—
	（化学）	20.0倍	—
	（生物）	23.0倍	—
	（地学）	1.0倍	合格者なし
宮城県・仙台市		8.4倍	6.6倍
秋田県	（物理）	7.0倍	7.0倍
	（化学）	12.0倍	10.0倍
	（生物）	合格者なし	18.0倍
	（地学）	募集なし	5.0倍
山形県	（物理）	募集なし	募集なし
	（化学）	13.0倍	9.3倍
	（生物）	15.0倍	27.0倍
	（地学）	募集なし	募集なし
福島県		5.9倍	7.6倍
茨城県	（物理）	8.0倍	3.8倍
	（化学）	14.0倍	7.5倍
	（生物）	16.5倍	15.0倍
	（地学）	2.0倍	5.0倍
栃木県	（物理）	7.5倍	12.5倍
	（化学）	11.0倍	5.0倍
	（生物）	29.0倍	13.5倍
	（地学）	募集なし	募集なし
群馬県	（物理）	6.5倍	6.0倍
	（化学）	10.3倍	6.6倍
	（生物）	8.7倍	6.8倍
	（地学）	1.0倍	8.0倍
埼玉県		7.0倍	6.7倍
さいたま市		募集なし	募集なし
千葉県・千葉市		2.6倍	2.6倍
東京都	（物理）	3.5倍	3.5倍
	（化学）	4.7倍	3.8倍
	（生物）	3.9倍	3.3倍
	（地学）	募集なし	募集なし
神奈川県・相模原市	（物理）	2.9倍	4.7倍

自治体		H22年度試験倍率	H23年度試験倍率
神奈川県・相模原市	（化学）	募集なし	5.3倍
	（生物）	6.6倍	6.3倍
	（地学）	2.9倍	募集なし
横浜市		3.9倍	2.7倍
川崎市		4.5倍	3.8倍
新潟県	（物理）	8.5倍	5.2倍
	（化学）	10.5倍	6.3倍
	（生物）	22.0倍	33.0倍
	（地学）	募集なし	募集なし
新潟市		募集なし	募集なし
富山県		—	—
石川県		4.7倍	3.6倍
福井県			
山梨県	（物理）		10.0倍
	（化学）	募集なし	募集なし
	（生物）	—	7.0倍
	（地学）	募集なし	募集なし
長野県		—	—
岐阜県	（物理）	7.3倍	3.3倍
	（化学）	23.0倍	3.6倍
	（生物）	6.5倍	5.4倍
	（地学）	募集なし	募集なし
静岡県	（物理）	6.5倍	7.8倍
	（化学）	6.4倍	5.9倍
	（生物）	7.5倍	9.7倍
	（地学）	募集なし	募集なし
静岡市		募集なし	募集なし
浜松市		募集なし	募集なし
愛知県		9.9倍	7.5倍
名古屋市		3.4倍	4.0倍
三重県		8.6倍	20.5倍
滋賀県		—	—
京都府		12.4倍	7.2倍
京都市		募集なし	募集なし
大阪府	（物理）	3.6倍	4.4倍
	（化学）	4.5倍	3.3倍
	（生物）	3.5倍	3.8倍
	（地学）	3.5倍	3.5倍
大阪市（物理・化学）		募集なし	8.0倍

自治体	H22年度試験倍率	H23年度試験倍率
大阪市(生物・地学)	募集なし	6.5倍
堺市	募集なし	募集なし
兵庫県	9.6倍	7.8倍
神戸市	3.4倍	3.7倍
奈良県 （物理）	募集なし	7.7倍
（化学）	募集なし	7.7倍
（生物）	16.3倍	7.7倍
（地学）	募集なし	募集なし
和歌山県	16.5倍	6.9倍
鳥取県　（物理）	募集なし	募集なし
（化学・生物）	38.0倍	募集なし
（地学）	募集なし	募集なし
島根県　（物理）	8.0倍	7.0倍
（化学）	3.0倍	15.0倍
（生物）	18.0倍	募集なし
（地学）	募集なし	募集なし
岡山県・岡山市(物理)	9.0倍	8.0倍
（化学）	26.0倍	10.0倍
（生物）	38.0倍	43.0倍
（地学）	募集なし	募集なし
広島県・広島市(物理)	3.8倍	24.0倍
（化学）	3.2倍	4.0倍
（生物）	8.0倍	4.6倍
（地学）	募集なし	1.0倍
山口県　（物理）	10.0倍	4.0倍
（化学）	7.5倍	4.3倍
（生物）	9.5倍	16.0倍
（地学）	募集なし	9.0倍
徳島県　（物理）	10.0倍	3.0倍
（化学）	7.5倍	6.5倍
（生物）	5.7倍	20.0倍
（地学）	募集なし	募集なし
香川県　（物理）	10.0倍	4.5倍
（化学）	24.0倍	9.0倍

自治体	H22年度試験倍率	H23年度試験倍率
香川県　（生物）	24.0倍	13.0倍
（地学）	2.0倍	募集なし
愛媛県	—	—
高知県	12.7倍	44.0倍
福岡県・福岡市(物理)	14.7倍	8.2倍
（化学）	16.8倍	10.8倍
（生物）	21.0倍	16.5倍
（地学）	募集なし	募集なし
北九州市	募集なし	募集なし
佐賀県　（物理）	3.0倍	15.0倍
（化学）	募集なし	3.7倍
（生物）	6.0倍	14.0倍
（地学）	募集なし	募集なし
長崎県　（物理）	13.0倍	14.0倍
（化学）	15.0倍	14.0倍
（生物）	29.0倍	39.0倍
（地学）	募集なし	募集なし
熊本県　（物理）	6.3倍	7.3倍
（化学）	11.5倍	10.3倍
（生物）	19.5倍	9.3倍
（地学）	募集なし	募集なし
大分県　（物理）	18.0倍	5.3倍
（化学）	20.0倍	10.5倍
（生物）	26.0倍	15.0倍
（地学）	募集なし	募集なし
宮崎県　（物理）	募集なし	14.0倍
（化学）	12.0倍	募集なし
（生物）	23.0倍	31.0倍
（地学）	募集なし	募集なし
鹿児島県	13.6倍	14.6倍
沖縄県　（物理）	31.0倍	28.0倍
（化学）	15.3倍	22.0倍
（生物）	15.0倍	8.3倍
（地学）	16.0倍	7.5倍

■高等学校・地理歴史(日本史・世界史)

自治体		H22年度試験倍率	H23年度試験倍率
北海道・札幌市		76.3倍	75.0倍
青森県		—	25.5倍
岩手県	(日本史)	23.0倍	—
	(世界史)	19.0倍	—
	(地理)	合格者なし	—
宮城県・仙台市		24.8倍	15.3倍
秋田県		9.7倍	22.0倍
山形県	(歴史)	17.5倍	14.7倍
	(地理)	募集なし	8.0倍
福島県		11.5倍	11.0倍
茨城県	(日本史)	18.0倍	28.0倍
	(世界史)	12.0倍	9.5倍
	(地理)	9.0倍	5.3倍
栃木県	(歴史)	18.5倍	15.0倍
	(地理)	9.0倍	合格者なし
群馬県	(日本史)	11.0倍	13.3倍
	(世界史)	7.0倍	13.5倍
	(地理)	5.0倍	9.0倍
埼玉県		10.6倍	9.3倍
さいたま市		募集なし	募集なし
千葉県・千葉市		7.6倍	10.9倍
東京都		13.2倍	15.3倍
神奈川県・相模原市		14.0倍	13.4倍
横浜市		25.1倍	11.6倍
川崎市		4.3倍	19.1倍
新潟県	(歴史)	19.0倍	28.0倍
	(地理)	14.0倍	5.0倍
新潟市		募集なし	募集なし
富山県		—	—
石川県		8.3倍	6.6倍
福井県		—	—
山梨県	(日本史)	募集なし	募集なし
	(世界史)	—	募集なし
	(地理)	募集なし	募集なし
長野県		—	—
岐阜県		6.4倍	7.8倍
静岡県	(日本史)	14.4倍	19.5倍
	(世界史)	16.7倍	12.5倍
	(地理)	7.0倍	16.0倍

自治体		H22年度試験倍率	H23年度試験倍率
静岡市		募集なし	募集なし
浜松市		募集なし	募集なし
愛知県		19.6倍	9.6倍
名古屋市		募集なし	7.6倍
三重県		6.7倍	8.2倍
滋賀県	(歴史)	—	—
	(地理)	—	募集なし
京都府		11.3倍	8.5倍
京都市		募集なし	募集なし
大阪府	(日本史)	15.0倍	7.9倍
	(世界史)	12.0倍	7.2倍
	(地理)	6.3倍	8.2倍
大阪市		15.5倍	32.0倍
堺市		募集なし	募集なし
兵庫県		7.6倍	9.7倍
神戸市		7.8倍	11.3倍
奈良県		募集なし	13.7倍
和歌山県		9.7倍	5.4倍
鳥取県		21.5倍	募集なし
島根県		13.3倍	42.0倍
岡山県・岡山市	(日本史)	8.7倍	6.8倍
	(世界史)	26.0倍	45.0倍
	(地理)	5.0倍	11.0倍
広島県・広島市	(日本史)	18.5倍	13.0倍
	(世界史)	9.5倍	5.8倍
	(地理)	5.5倍	3.5倍
山口県	(日本史)	募集なし	12.5倍
	(世界史)	募集なし	募集なし
	(地理)	19.0倍	5.0倍
徳島県	(日本史)	11.5倍	10.0倍
	(世界史)	16.0倍	14.0倍
	(地理)	15.0倍	13.0倍
香川県	(日本史)	21.0倍	8.7倍
	(世界史)	21.0倍	11.0倍
	(地理)	21.0倍	7.0倍
愛媛県		—	—
高知県		16.0倍	47.0倍
福岡県・福岡市	(歴史)	76.0倍	30.0倍
	(地理)	募集なし	募集なし

自治体		H22年度試験倍率	H23年度試験倍率
北九州市		募集なし	募集なし
佐賀県	（日本史）	26.0倍	募集なし
	（世界史）	8.0倍	13.5倍
	（地理）	5.3倍	15.0倍
長崎県	（日本史）	19.5倍	39.0倍
	（世界史）	募集なし	19.0倍
	（地理）	13.0倍	9.0倍
熊本県	（日本史）	17.5倍	34.0倍
	（世界史）	17.0倍	30.0倍

自治体		H22年度試験倍率	H23年度試験倍率
熊本県	（地理）	19.0倍	23.0倍
大分県	（日本史）	37.0倍	38.0倍
	（世界史）	27.0倍	27.0倍
	（地理）	22.0倍	17.0倍
宮崎県	（日本史）	募集なし	27.0倍
	（世界史）	29.0倍	募集なし
	（地理）	9.5倍	募集なし
鹿児島県		15.0倍	11.2倍
沖縄県		20.6倍	20.4倍

■高等学校・公民（倫理・政経）

自治体		H22年度試験倍率	H23年度試験倍率
北海道・札幌市		76.3倍	75.0倍
青森県		―	48.0倍
岩手県	（倫理）	合格者なし	合格者なし
	（政経）	19.0倍	―
宮城県・仙台市		募集なし	64.0倍
秋田県		18.0倍	募集なし
山形県		28.0倍	募集なし
福島県		22.5倍	18.0倍
茨城県		37.0倍	20.0倍
栃木県		19.0倍	15.0倍
群馬県	（倫理）	募集なし	募集なし
	（政経）	15.7倍	9.5倍
埼玉県		22.2倍	15.4倍
さいたま市		募集なし	募集なし
千葉県・千葉市		7.6倍	10.9倍
東京都		12.8倍	14.5倍
神奈川県・相模原市		19.1倍	14.4倍
横浜市		25.1倍	11.6倍
川崎市		4.3倍	19.1倍
新潟県		16.0倍	43.0倍
新潟市		募集なし	募集なし
富山県		―	―
石川県		8.3倍	6.6倍
福井県		―	―
山梨県	（倫理）	―	募集なし

自治体		H22年度試験倍率	H23年度試験倍率
山梨県	（政経）	募集なし	募集なし
長野県		―	―
岐阜県		12.0倍	募集なし
静岡県	（倫理）	募集なし	募集なし
	（政経）	10.8倍	16.0倍
静岡市		募集なし	募集なし
浜松市		募集なし	募集なし
愛知県		10.8倍	15.3倍
名古屋市		19.5倍	募集なし
三重県		18.5倍	7.2倍
滋賀県		募集なし	募集なし
京都府		募集なし	8.5倍
京都市		募集なし	募集なし
大阪府	（倫理）	募集なし	募集なし
	（政経）	15.5倍	10.1倍
大阪市		15.5倍	32.0倍
堺市		募集なし	募集なし
兵庫県		募集なし	募集なし
神戸市		7.8倍	11.3倍
奈良県		募集なし	募集なし
和歌山県		募集なし	募集なし
鳥取県		合格者なし	募集なし
島根県		募集なし	募集なし
岡山県・岡山市		募集なし	募集なし
広島県・広島市（倫理）		募集なし	6.0倍

自治体	H22年度試験倍率	H23年度試験倍率
広島県・広島市 (政経)	8.0倍	36.0倍
山口県	募集なし	募集なし
徳島県　　（倫理）	28.0倍	―
（政経）	28.0倍	23.0倍
香川県	募集なし	募集なし
愛媛県	―	―
高知県	24.0倍	募集なし
福岡県・福岡市	募集なし	募集なし
北九州市	募集なし	募集なし

自治体	H22年度試験倍率	H23年度試験倍率
佐賀県	募集なし	募集なし
長崎県	募集なし	募集なし
熊本県　　（倫理）	募集なし	募集なし
（政経）	26.5倍	37.0倍
大分県	募集なし	25.0倍
宮崎県	募集なし	32.0倍
鹿児島県	10.0倍	19.0倍
沖縄県	120.0倍	25.0倍

■高等学校・保健体育

自治体	H22年度試験倍率	H23年度試験倍率
北海道・札幌市	12.2倍	37.7倍
青森県	―	13.1倍
岩手県	98.0倍	―
宮城県・仙台市	13.7倍	12.3倍
秋田県	22.0倍	30.0倍
山形県	25.3倍	19.8倍
福島県	20.6倍	18.0倍
茨城県	15.4倍	14.2倍
栃木県	17.4倍	17.8倍
群馬県	14.1倍	14.3倍
埼玉県	8.9倍	7.0倍
さいたま市	募集なし	募集なし
千葉県・千葉市	7.9倍	10.5倍
東京都	10.2倍	10.4倍
神奈川県・相模原市	10.7倍	11.5倍
横浜市	8.4倍	8.0倍
川崎市	4.8倍	16.9倍
新潟県	34.3倍	26.3倍
新潟市	募集なし	募集なし
富山県	―	―
石川県	17.1倍	11.3倍
福井県	―	―
山梨県	―	27.0倍
長野県	―	―
岐阜県	8.8倍	7.9倍
静岡県	9.8倍	12.1倍

自治体	H22年度試験倍率	H23年度試験倍率
静岡市	募集なし	募集なし
浜松市	募集なし	募集なし
愛知県	14.5倍	12.8倍
名古屋市	9.2倍	7.9倍
三重県	12.3倍	10.7倍
滋賀県	―	―
京都府	22.0倍	22.4倍
京都市	募集なし	募集なし
大阪府	10.2倍	8.4倍
大阪市	募集なし	13.0倍
堺市	募集なし	募集なし
兵庫県	9.9倍	10.4倍
神戸市	7.4倍	8.5倍
奈良県	11.9倍	9.6倍
和歌山県	17.2倍	15.1倍
鳥取県	17.0倍	47.0倍
島根県	18.3倍	37.0倍
岡山県・岡山市	20.8倍	11.3倍
広島県・広島市	9.5倍	11.8倍
山口県	18.2倍	20.5倍
徳島県	14.4倍	33.0倍
香川県	19.5倍	4.9倍
愛媛県	―	―
高知県	11.4倍	18.7倍
福岡県・福岡市	53.5倍	27.1倍
北九州市	募集なし	募集なし

自治体	H22年度試験倍率	H23年度試験倍率
佐賀県	22.0倍	30.0倍
長崎県	25.6倍	13.1倍
熊本県	30.8倍	20.2倍
大分県	67.0倍	70.0倍

自治体	H22年度試験倍率	H23年度試験倍率
宮崎県	20.3倍	22.7倍
鹿児島県	12.1倍	11.6倍
沖縄県	23.7倍	31.4倍

■高等学校・音楽

自治体	H22年度試験倍率	H23年度試験倍率
北海道・札幌市	7.3倍	23.0倍
青森県	募集なし	募集なし
岩手県	合格者なし	合格者なし
宮城県・仙台市	8.2倍	16.3倍
秋田県	募集なし	募集なし
山形県	9.0倍	募集なし
福島県	15.5倍	13.0倍
茨城県	9.0倍	17.0倍
栃木県	6.5倍	6.0倍
群馬県	7.0倍	4.5倍
埼玉県	21.3倍	14.3倍
さいたま市	募集なし	募集なし
千葉県・千葉市	5.8倍	7.0倍
東京都	15.4倍	10.0倍
神奈川県・相模原市	11.0倍	10.5倍
横浜市	14.7倍	16.0倍
川崎市	4.3倍	51.0倍
新潟県	募集なし	募集なし
新潟市	募集なし	募集なし
富山県	—	—
石川県	11.7倍	11.5倍
福井県	—	—
山梨県	—	募集なし
長野県	—	—
岐阜県	募集なし	募集なし
静岡県	9.5倍	25.0倍
静岡市	募集なし	募集なし
浜松市	募集なし	募集なし
愛知県	10.5倍	16.5倍
名古屋市	募集なし	17.0倍

自治体	H22年度試験倍率	H23年度試験倍率
三重県	11.0倍	4.3倍
滋賀県	募集なし	募集なし
京都府	23.0倍	22.0倍
京都市	募集なし	募集なし
大阪府	9.6倍	10.4倍
大阪市	募集なし	募集なし
堺市	募集なし	募集なし
兵庫県	10.0倍	13.0倍
神戸市	8.6倍	9.2倍
奈良県	募集なし	募集なし
和歌山県	7.5倍	募集なし
鳥取県	13.0倍	募集なし
島根県	11.0倍	15.0倍
岡山県・岡山市	18.0倍	11.0倍
広島県・広島市	2.8倍	6.8倍
山口県	募集なし	募集なし
徳島県	16.7倍	22.5倍
香川県	8.0倍	4.5倍
愛媛県	—	—
高知県	募集なし	13.0倍
福岡県・福岡市	募集なし	募集なし
北九州市	募集なし	募集なし
佐賀県	6.0倍	11.0倍
長崎県	20.0倍	20.0倍
熊本県	10.3倍	10.0倍
大分県	16.0倍	17.0倍
宮崎県	募集なし	募集なし
鹿児島県	5.0倍	4.5倍
沖縄県	33.0倍	39.3倍

■高等学校・美術

自治体	H22年度試験倍率	H23年度試験倍率
北海道・札幌市	募集なし	募集なし
青森県	募集なし	12.0倍
岩手県	19.0倍	—
宮城県・仙台市	14.7倍	10.5倍
秋田県	募集なし	募集なし
山形県	募集なし	8.0倍
福島県	33.0倍	31.0倍
茨城県	募集なし	募集なし
栃木県	募集なし	13.0倍
群馬県	7.0倍	3.3倍
埼玉県	27.0倍	16.7倍
さいたま市	募集なし	募集なし
千葉県・千葉市	4.0倍	4.0倍
東京都	6.3倍	5.6倍
神奈川県・相模原市	13.2倍	10.0倍
横浜市	5.3倍	10.6倍
川崎市	8.3倍	24.0倍
新潟県	募集なし	募集なし
新潟市	募集なし	募集なし
富山県	—	—
石川県	9.8倍	12.4倍
福井県	—	—
山梨県		募集なし
長野県	—	—
岐阜県	募集なし	募集なし
静岡県	11.5倍	12.0倍
静岡市	募集なし	募集なし
浜松市	募集なし	募集なし
愛知県	募集なし	23.5倍
名古屋市	10.6倍	募集なし

自治体	H22年度試験倍率	H23年度試験倍率
三重県	4.8倍	3.8倍
滋賀県	募集なし	募集なし
京都府	募集なし	21.0倍
京都市	募集なし	募集なし
大阪府	12.5倍	13.5倍
大阪市	募集なし	募集なし
堺市	募集なし	募集なし
兵庫県	3.0倍	7.0倍
神戸市	7.0倍	7.5倍
奈良県	募集なし	11.5倍
和歌山県	募集なし	募集なし
鳥取県	11.0倍	募集なし
島根県	募集なし	募集なし
岡山県・岡山市	12.0倍	17.0倍
広島県・広島市	6.5倍	4.2倍
山口県	11.0倍	10.0倍
徳島県	21.0倍	8.0倍
香川県	7.0倍	4.7倍
愛媛県	—	—
高知県	10.0倍	募集なし
福岡県・福岡市	29.0倍	募集なし
北九州市	募集なし	募集なし
佐賀県	20.0倍	20.0倍
長崎県	17.0倍	17.0倍
熊本県	募集なし	募集なし
大分県	26.0倍	23.0倍
宮崎県	募集なし	募集なし
鹿児島県	10.0倍	13.0倍
沖縄県	16.0倍	26.3倍

■高等学校・家庭

自治体	H22年度試験倍率	H23年度試験倍率
北海道・札幌市	8.3倍	11.1倍
青森県	―	3.5倍
岩手県	10.0倍	―
宮城県・仙台市	66.0倍	6.5倍
秋田県	8.5倍	17.0倍
山形県	5.5倍	募集なし
福島県	48.0倍	45.0倍
茨城県	12.0倍	2.6倍
栃木県	6.3倍	7.5倍
群馬県	18.0倍	4.7倍
埼玉県	14.0倍	9.0倍
さいたま市	募集なし	募集なし
千葉県・千葉市	3.9倍	6.9倍
東京都	5.6倍	4.6倍
神奈川県・相模原市	4.9倍	6.7倍
横浜市	5.5倍	8.0倍
川崎市	2.4倍	6.7倍
新潟県	5.3倍	11.5倍
新潟市	募集なし	募集なし
富山県	―	―
石川県	6.7倍	9.0倍
福井県	―	―
山梨県	―	募集なし
長野県	募集なし	募集なし
岐阜県	5.4倍	4.8倍
静岡県	10.0倍	12.3倍
静岡市	募集なし	募集なし
浜松市	募集なし	募集なし
愛知県	3.7倍	8.7倍
名古屋市	募集なし	募集なし

自治体	H22年度試験倍率	H23年度試験倍率
三重県	3.0倍	3.7倍
滋賀県	募集なし	―
京都府	募集なし	6.7倍
京都市	募集なし	募集なし
大阪府	6.6倍	4.4倍
大阪市	5.0倍	募集なし
堺市	募集なし	募集なし
兵庫県	11.1倍	13.0倍
神戸市	6.2倍	5.4倍
奈良県	募集なし	募集なし
和歌山県	募集なし	募集なし
鳥取県	16.0倍	募集なし
島根県	14.0倍	募集なし
岡山県・岡山市	9.3倍	10.0倍
広島県・広島市	募集なし	26.0倍
山口県	15.0倍	7.0倍
徳島県	30.0倍	16.0倍
香川県	7.5倍	6.0倍
愛媛県	―	―
高知県	募集なし	20.0倍
福岡県・福岡市	募集なし	13.7倍
北九州市	募集なし	募集なし
佐賀県	20.0倍	10.0倍
長崎県	19.0倍	13.0倍
熊本県	27.0倍	10.3倍
大分県	27.0倍	29.0倍
宮崎県	11.0倍	19.0倍
鹿児島県	8.0倍	6.2倍
沖縄県	34.7倍	104.0倍

■高等学校・英語

自治体	H22年度試験倍率	H23年度試験倍率
北海道・札幌市	5.5倍	18.5倍
青森県	—	7.4倍
岩手県	11.0倍	—
宮城県・仙台市	9.0倍	9.1倍
秋田県	13.7倍	15.3倍
山形県	9.5倍	13.7倍
福島県	12.7倍	8.9倍
茨城県	3.9倍	6.1倍
栃木県	21.3倍	11.0倍
群馬県	4.7倍	4.1倍
埼玉県	5.6倍	4.7倍
さいたま市	募集なし	募集なし
千葉県・千葉市	4.2倍	4.1倍
東京都	6.4倍	5.6倍
神奈川県・相模原市	5.3倍	3.8倍
横浜市	8.0倍	5.0倍
川崎市	4.1倍	6.9倍
新潟県	5.6倍	8.9倍
新潟市	募集なし	募集なし
富山県	—	—
石川県	5.6倍	3.8倍
福井県	—	—
山梨県	—	募集なし
長野県	—	—
岐阜県	6.4倍	5.0倍
静岡県	6.4倍	6.4倍
静岡市	募集なし	募集なし
浜松市	募集なし	募集なし
愛知県	6.1倍	4.7倍
名古屋市	14.5倍	10.6倍

自治体	H22年度試験倍率	H23年度試験倍率
三重県	5.9倍	3.6倍
滋賀県	—	—
京都府	12.4倍	13.1倍
京都市	16.5倍	10.7倍
大阪府	3.4倍	3.9倍
大阪市	11.5倍	15.0倍
堺市	募集なし	募集なし
兵庫県	6.7倍	6.7倍
神戸市	8.0倍	6.4倍
奈良県	5.2倍	7.9倍
和歌山県	11.3倍	8.9倍
鳥取県	38.0倍	募集なし
島根県	15.5倍	19.0倍
岡山県・岡山市	13.2倍	6.1倍
広島県・広島市	3.7倍	13.9倍
山口県	15.7倍	6.4倍
徳島県	11.0倍	12.0倍
香川県	16.0倍	6.0倍
愛媛県	—	—
高知県	14.0倍	17.0倍
福岡県・福岡市	20.6倍	19.9倍
北九州市	募集なし	募集なし
佐賀県	15.3倍	8.7倍
長崎県	5.8倍	7.6倍
熊本県	10.1倍	10.1倍
大分県	13.4倍	14.2倍
宮崎県	9.4倍	12.0倍
鹿児島県	11.7倍	8.6倍
沖縄県	97.5倍	30.7倍

資料8　平成23年度受験年齢制限一覧

注　意

◆ 以下の情報は、「平成23年度、教員採用等の改善に係る取組事例」より作成しました。ただし、最新の情報が分かったものについては平成24年度のものを記載しております。
◆ 以下の情報は、受験年齢制限の緩和を示したものです。それぞれについて、特別選考や免除がない場合には、—を記しました。
◆ 以下に記載した年齢制限は、すべての校種・教科においてではなく、特定の校種・教科である場合もあります。なお、専門教科のみの場合は記載しておりません。
◆ 詳細は、必ず募集要項でご確認ください。

自治体	基本的年齢制限	正規教職経験者	常勤講師経験者	非常勤講師経験者	民間企業等経験者
北海道・札幌市	39歳以下（高・自立49歳以下）	49歳以下	—	—	49歳以下
青森県	50歳以下	制限なし（臨時の者除く）	—	—	50歳以下
岩手県	44歳以下	44歳以下	—	—	44歳以下
宮城県・仙台市	59歳以下	59歳以下	59歳以下	59歳以下	59歳以下
秋田県	35歳以下	49歳以下	—	—	49歳以下
山形県	制限なし	制限なし	制限なし	制限なし	制限なし
福島県	44歳以下	49歳以下	—	—	—
茨城県	39歳以下	59歳以下	39歳以下	—	—
栃木県	39歳以下	44歳以下	—	—	—
群馬県	39歳以下	39歳以下	39歳以下	39歳以下	49歳以下
埼玉県	50歳以下	59歳以下	59歳以下	59歳以下	50歳以下
さいたま市	58歳以下	58歳以下	58歳以下	—	58歳以下
千葉県・千葉市	40歳以下	59歳以下	59歳以下	59歳以下	—
東京都	39歳以下	59歳以下	59歳以下	59歳以下	59歳以下
神奈川県・相模原市	39歳以下	59歳以下	59歳以下	—	59歳以下
横浜市	59歳以下	59歳以下	59歳以下	—	59歳以下
川崎市	39歳以下	59歳以下	59歳以下	59歳以下	59歳以下
新潟県	59歳以下	—	—	—	—
新潟市	59歳以下	59歳以下	—	—	59歳以下
富山県	59歳以下	59歳以下	—	—	59歳以下
石川県	49歳以下	49歳以下	—	—	—
福井県	59歳以下	59歳以下	59歳以下	—	—

自治体	基本的年齢制限	正規教職経験者	常勤講師経験者	非常勤講師経験者	民間企業等経験者
山梨県	39歳以下	39歳以下	39歳以下	39歳以下	―
長野県	59歳以下	59歳以下	59歳以下	59歳以下	59歳以下
岐阜県	45歳以下	45歳以下	45歳以下	45歳以下	―
静岡県	59歳以下	59歳以下	59歳以下	―	―
静岡市	59歳以下	59歳以下	59歳以下	―	―
浜松市	制限なし	制限なし	制限なし	―	―
愛知県	59歳以下	59歳以下	59歳以下	59歳以下	59歳以下
名古屋市	49歳以下	49歳以下	49歳以下	49歳以下	―
三重県	39歳以下	59歳以下	59歳以下	―	59歳以下
滋賀県	39歳以下	44歳以下	39歳以下	―	―
京都府	49歳以下	49歳以下	49歳以下	49歳以下	49歳以下
京都市	㋑47歳以下 ㋩・㋭44歳以下	54歳以下	54歳以下	―	47歳以下
大阪府	45歳以下	45歳以下	59歳以下	―	45歳以下
大阪市	45歳以下	59歳以下	59歳以下	59歳以下	45歳以下
堺市	59歳以下	59歳以下	59歳以下	59歳以下	59歳以下
兵庫県	45歳以下	45歳以下	45歳以下	45歳以下	―
神戸市	39歳以下	49歳以下	49歳以下	―	49歳以下
奈良県	39歳以下	44歳以下	44歳以下	―	49歳以下
和歌山県	制限なし	制限なし	制限なし	制限なし	―
鳥取県	49歳以下	―	―	―	―
島根県	44歳以下	54歳以下	54歳以下	―	―
岡山県・岡山市	39歳以下	39歳以下	39歳以下	39歳以下	―
広島県・広島市	39歳以下	39歳以下	39歳以下	39歳以下	―
山口県	39歳以下	49歳以下	―	―	39歳以下
徳島県	39歳以下	49歳以下	49歳以下	49歳以下	49歳以下
香川県	39歳以下	49歳以下	49歳以下	49歳以下	49歳以下
愛媛県	39歳以下	制限なし	―	―	―
高知県	39歳以下	39歳以下	39歳以下	39歳以下	―
福岡県	40歳以下	45歳以下	45歳以下	45歳以下	―
福岡市	40歳以下	40歳以下	40歳以下	40歳以下	40歳以下
北九州市	40歳以下	45歳以下	45歳以下	45歳以下	―
佐賀県	39歳以下	59歳以下	―	―	59歳以下
長崎県	39歳以下	―	39歳以下	39歳以下	44歳以下
熊本県	39歳以下	39歳以下	39歳以下	―	―
大分県	40歳以下	45歳以下	―	―	―
宮崎県	40歳以下	40歳以下	40歳以下	40歳以下	59歳以下
鹿児島県	40歳以下	―	―	―	―
沖縄県	45歳以下	―	―	―	―

※詳細については、各教育委員会の募集要項を必ずご確認ください。

資料9　平成23年度小学校実技試験内容一覧

注　意

◆ 以下の情報は、平成23年度要項をもとにしています。ただし、最新の平成24年度の情報が分かるものに関しては、最新のものを掲載しました。その場合、自治体名に網掛けをしています。
◆ 詳細は、必ず募集要項でご確認ください。

自治体	音楽	水泳・体育	その他教科
北海道・札幌市	ピアノ演奏：バイエル72～106番〈86番・87番を除く〉の中から1曲選択 弾き歌い：小学校歌唱共通教材の中から検査時に示された曲の主旋律に簡単な伴奏を付けて歌いながら演奏	体育：水泳（クロール・平泳ぎ・背泳のうち1種類で25m）、ボール運動（ジグザグドリブル）	
青森県	オルガン弾き歌い：小学校音楽教科書（第5・6学年）掲載の「こいのぼり」「子もり歌」「スキーの歌」「冬げしき」「越天楽今様」「おぼろ月夜」「ふるさと」「われは海の子」から任意の1曲を、主旋律に平易な伴奏をつけて、歌いながら演奏	体育：体つくり運動、器械運動、水泳（クロール又は平泳ぎで25m）	
岩手県	ピアノ弾き歌い：小学校5・6年の歌唱教材から任意の1曲	体育：水泳（水中からのスタート、クロールまたは平泳ぎ）、マット運動、鉄棒運動	
宮城県・仙台市	ピアノ演奏：小学校第3学年以上の歌唱教材から任意の1曲の伴奏曲を弾く	1次試験 水泳：1つの泳法で25m ボール運動：基本的動作 2次試験 体育実技：マット運動	
秋田県	ピアノ弾き歌い：共通歌唱教材から1曲選択、2番まで	集団運動、器械運動（マット運動）、水泳（平泳ぎ）	日常英会話
山形県	ピアノ演奏：小学校第5・6学年学習指導要領による歌唱共通教材から任意の1曲を選び、伴奏譜によるピアノ演奏 歌唱：任意の1曲（別の曲でも可）を選び、伴奏なしによる歌唱	水泳：25m 器械運動：マット運動、鉄棒運動のうちいずれかを選択	図画工作：当日提示
福島県 ※H24年度は募集なし	ピアノ弾き歌い：第5学年共通教材「冬げしき」を自分でピアノ伴奏しながら歌う	体育：器械運動（鉄棒運動、天候等によりマット運動に変更）、水泳（クロール25m、天候等に	外国語活動：英語リスニング

― 138 ―

自治体	音楽	水泳・体育	その他教科
茨城県	ピアノ弾き歌い：第1〜6学年の歌唱共通教材の中から任意で1曲選択	より20m往復走に変更） 体育：器械運動（マット）、球技（バスケットボール）、水泳（クロール、平泳ぎ）	
栃木県	電子オルガン弾き歌い：指定曲（「ひらいたひらいた」「ふじ山」「冬げしき」）から1曲目は受験者が選び、2曲目は試験委員が選ぶ	水泳：泳法自由で25m 体育：基本的な運動技能に関する実技（マット運動、飛び箱）	
群馬県		体育、水泳	
埼玉県	ピアノ演奏：「全訳バイエルピアノ教則本」40・49・55・66・74・78・100番から任意の1曲を演奏	体育：鉄棒運動	
さいたま市		体育実技：水泳（クロール又は平泳ぎで25m）、鉄棒運動	
千葉県・千葉市		マット運動	
東京都	実技なし		
神奈川県・相模原市	実技なし		
横浜市	実技なし		
川崎市	実技なし		
新潟県	歌唱：第4〜6学年の歌唱共通教材から1曲指定 ピアノ演奏：第4〜6学年の歌唱共通教材から1曲選択	運動実技：シャトルラン、マット運動、水泳（クロール・平泳ぎ各25m）	英語ヒアリング
新潟市	ピアノ弾き歌い：小学校学習指導要領に示された第4〜6学年の歌唱の共通教材から1曲を選び、ピアノ伴奏をしながら歌唱	体育実技：鉄棒運動、ボール運動、縄跳び運動、水泳（平泳ぎ25m）	英語ヒアリング
富山県	体育か音楽を選択。 音楽：電子オルガン弾き歌い（「茶つみ」「ふるさと」「春がきた」から指定する1曲を歌いながら演奏する）	水泳：泳法自由で25m 体育か音楽を選択。 体育：ジグザグドリブル、なわとびの二重跳び、台上前転	
石川県	電子キーボード弾き歌い：課題曲（「春がきた」「もみじ」「スキーの歌」）から任意の1曲の1番のみを弾き歌い	水泳：水中スタート、クロール又は平泳ぎで25m	理科：加熱・水溶液・顕微鏡観察・電流に関することの中から当日指定
福井県	ピアノ演奏：①A段階（「バイエルピアノ教則本」から75番、78番、88番、96	体育：体力テスト	

自治体	音楽	水泳・体育	その他教科
	番)、B段階(「ブルグミュラー25の練習曲」から「3Pastorake」「5Innocence」「13Consokation」)、C段階(「ソナチネアルバムⅠ」からNo.4の第1楽章、No.14の第1楽章、No.15の第1楽章)の中から当日指定された1～2曲を演奏　②小学校歌唱教材(「春がきた」「ふじ山」「おぼろ月夜」)の中から、当日指定された1～2曲を演奏		
山梨県	音楽	体育、水泳	
長野県	歌唱、ピアノ伴奏、ソプラノリコーダー演奏	体つくり運動、器械運動、陸上競技、水泳、球技、ダンス	
岐阜県	小学校歌唱教材「ふるさと」をオルガン伴奏で一番を歌う	体育：マット運動	図画工作：デッサン 外国語活動：英語を用いた簡単なコミュニケーション活動
静岡県		体育実技：器械運動、水泳、ボール運動、表現運動	
静岡市		水泳及び持久走(20mシャトルラン)	
浜松市		水泳	
愛知県	実技なし		
名古屋市		体育等実技：マット運動、なわ跳び運動 水泳実技：クロール・平泳ぎ各25m	
三重県	オルガン(電動式)弾き歌い：「はるがきた」	水泳：クロール又は平泳ぎで25m 器械運動：マット運動	英語：リスニングテスト
滋賀県	音楽実技	水泳実技：50m	特別活動に関する実技
京都府	音楽と図画工作のいずれかを選択。 音楽：①ピアノ演奏(バイエル52・73・80・88・100番から任意の1曲を暗譜で演奏)　②弾き歌い(小学校学習指導要領歌唱共通教材全24曲中、各自選んだ学年を異にする3曲のうち当日指定する1曲をピアノ伴奏しながら視唱)	器械運動(マット運動)、陸上運動(ハードル走)、ボール運動(バスケットボール)	音楽と図画工作のいずれかを選択。 図画工作：デッサン及び水彩画
京都市		跳び箱運動、マット運動	
大阪府		水泳：泳法自由で25m	

自治体	音楽	水泳・体育	その他教科
大阪市	無伴奏による歌唱：小学校の教科書教材の中から1曲を自由選択 自由演奏：楽器及び曲目は自由、弾き歌いも可	水泳：クロールか平泳ぎで25m	
堺市		水泳：クロール又は平泳ぎで25m	
兵庫県	歌唱：「ふるさと」（無伴奏、任意の調）	水泳（平泳ぎ）、ボール運動（バスケットボール）器械運動（マット）	
神戸市		体育実技：水泳25m、なわとび	
奈良県・奈良市・大和高田市	歌唱及び器楽演奏 歌唱：「虫のこえ」「夕焼けこやけ」「さくらさくら」のうち、当日指示する曲を無伴奏で歌唱 器楽演奏：ピアノ、ソプラノリコーダー、鍵盤ハーモニカの中から各自1つの楽器を選択し、任意の1曲を演奏	体育：器械運動（マット運動）、水泳（クロール）、体つくり運動（多様な動きをつくる運動）、走の運動（小型ハードル走等）	
和歌山県	オルガン演奏：小学校共通教材「ふじ山」「虫のこえ」「とんび」「春の小川」「こいのぼり」「ふるさと」から検査時に演奏曲を指示	水泳：往路25mは平泳ぎ、復路25mは平泳ぎ以外の泳法 体育実技：マット運動、跳び箱	国語実技：当日課題を提示
鳥取県	ピアノ弾き歌い：歌唱共通教材「春の小川」「もみじ」「おぼろ月夜」から当日指定	水泳（25m）、ボール運動、器械運動	図画工作（描画）、書写（硬筆）
島根県	ピアノ	水泳実技	
岡山県・岡山市	ピアノ弾き歌い：歌唱共通教材「春がきた」「夕やけこやけ」「ふじ山」「さくらさくら」「ふるさと」から当日指定	体育：器械運動、水泳	
広島県・広島市	オルガン演奏：「バイエルピアノ教則本」の51～103番のうち1曲 当日指示する課題	基本の運動、ゲーム、体つくり運動、器械運動、陸上運動、ボール運動及び表現運動のうち当日指示する課題 水泳	
山口県	ピアノ弾き歌い：「春の小川」「まきばの朝」「ふるさと」から当日自ら1曲を選択し、簡単なピアノ伴奏をつけて歌唱 声楽、ピアノ又は他の楽器による楽曲の演奏	陸上運動（ハードル走）、器械運動（マット運動）、ボール運動、体つくり運動、水泳（クロール又は平泳ぎで25m）	
徳島県	音楽	水泳、体育	

自治体	音楽	水泳・体育	その他教科
香川県	音楽	体育（水泳を含む）	図画工作
愛媛県		体育	
高知県	ピアノ弾き歌い：小学校共通教材「茶つみ」（3学年）、「冬げしき」（5学年）のうち、当日指定された楽曲にピアノ伴奏をつけて歌う	水泳：25m（平泳ぎ12.5m、クロール12.5m、飛込みなし） 器械運動：マット運動 ボール運動：バスケットボール	図画工作：色紙によるはり絵
福岡県	弾き歌い：小学校第4学年から第6学年の歌唱共通教材の中から事前に指定する3曲のうち1曲を本人が選択し、演奏しながら歌唱	水泳：クロール又は平泳ぎ 体育：器械運動（マット、鉄棒、跳び箱）、ボール運動（バスケットボール、サッカー）の中から当日指定するものを実施	英会話実技：簡単な日常会話程度のもの
福岡市	ピアノ又はオルガン弾き歌い：「われは海の子」をピアノ又はオルガン伴奏しながら歌唱		英会話実技：簡単な日常英会話
北九州市	ピアノ弾き歌い：小学校第5〜6学年の歌唱共通教材の中から当日指定する曲をピアノ伴奏しながら歌唱	体育実技：器械運動（マット、跳び箱）、ボール運動の中から当日指定するもの 水泳：泳法自由で50m	英会話実技：簡単な日常英会話（中学校卒業程度）を面接形式により行う
佐賀県	ピアノ弾き歌い：「ふるさと」「ふじ山」「まきばの朝」の3曲から当日指定された1曲	水泳：50mを完泳 体力テスト：持久走（男子は1200mを6分以内、女子は800mを5分以内で完走）	英会話：日常会話程度の内容
長崎県	歌：課題曲（課題曲は4・5・6年の共通教材から当日1曲指定）を歌詞唱する オルガン：次の曲を伴奏する（当日1曲指定）「こいのぼり」「スキーの歌」「われは海の子」伴奏の形は自由とする	器械運動等（マット、鉄棒、跳び箱）、球技、水泳	英語による簡単な表現テスト
熊本県	伴奏：「もみじ」「こいのぼり」「ふるさと」の中から当日指定した1曲を伴奏	体育実技：水泳（50mを途中で立つことなく完泳）、器械運動	
大分県	演奏：バイエル70番以上又は同程度のレベルの1曲を演奏（楽譜を見てもよい） 歌唱：歌唱共通教材を1曲階名唱	体育：マット運動及び水泳（泳法自由で25m）	英語（リスニング）
宮崎県	ピアノ又はオルガン弾き歌い：「ふじ山」（第3学年）「とんび」（第4学年）「おぼろ月夜」（第6学年）から当日指定する曲	水泳：泳法自由で50m 体育実技：器械運動（マット、鉄棒、跳び箱の中	

自治体	音楽	水泳・体育	その他教科
		から当日指定）	
鹿児島県		体育実技：水泳を含む	英語による簡単なスピーチ
沖縄県	オルガン弾き歌い（電動式）：「おぼろ月夜」「ふじ山」から1曲選択 ソプラノリコーダー演奏：「冬げしき」の旋律を演奏する	体育：マット、水泳（クロール又は平泳ぎ30m）、縄跳び	図画工作：鉛筆デッサン

資料10　少科目採用試験を実施している自治体と試験科目

注　意

- ◆ 以下の情報は、平成23年度要項をもとに作成しました。ただし、最新の情報が分かった場合には、平成24年度要項をもとに作成しています。その場合、自治体名に網掛けをして表示しています。
- ◆ ここでは、採用試験に一般教養が課されない自治体を、少科目採用試験としてとりあげました。
- ◆ 詳細は、必ず募集要項でご確認ください。

◎少科目採用試験を実施している自治体の一覧

自治体名	小学校	中学校	高校
岩手県	○	○	○
宮城県	○	○	○
仙台市	○	○	○
福島県	○	○	○
千葉県	○	○	○
千葉市	○	○	○
東京都	○	○	○
奈良県・奈良市・大和高田市	○	○	○
広島県	○	○	○
広島市	○	○	○
山口県	○	○	○
北九州市	○	○	○
宮崎県	○	○	○
鹿児島県	○	○	○

◎採用試験に一般教養のない自治体の試験科目一覧

自治体	校種	試験科目
岩手県	小学校	1次：教職専門科目、論文、教科等専門科目、体育実技 2次：個人面接、集団面接、模擬授業
	中学校	1次：教職専門科目、論文、教科等専門科目、国語・理科・音楽・美術・保健体育・技術・家庭志願者は該当教科の実技 2次：個人面接、集団面接、模擬授業
	高校	1次：教職専門科目、論文、教科等専門科目、国語・理科・音楽・美術・保健体育・家庭志願者は該当教科の実技 2次：個人面接、集団面接、模擬授業
	特別支援	1次：教科専門科目、論文、教科等専門科目、実技 2次：個人面接、集団面接、模擬授業、ピアノ実技（特別支援小学校のみ）
	養護	1次：教職専門科目、論文、教科等専門科目、養護の職務に関する実技 2次：個人面接、集団面接、模擬授業
	栄養	1次：教職専門科目、論文、教科等専門科目 2次：個人面接、集団面接、模擬授業
宮城県・仙台市	小学校	1次：実技試験（水泳・ボール運動）、専門教養、教職教養 2次：模擬授業、個人面接、実技試験（ピアノ・マット運動）
	中学校 高校	1次：実技（音楽・美術・保健体育受験者のみ）、専門教養、教職教養 2次：模擬授業、個人面接、実技試験（英語・家庭受験者のみ）
	養護 栄養	1次：専門教養、教職教養 2次：模擬授業、個人面接
福島県（H23年度）	小学校	1次：出願書類審査、筆答試験、実技試験、集団面接 2次：出願書類審査、模擬授業、小論文、個人面接、集団討論、適性検査、身体検査結果
	中学校	1次：出願書類審査、筆答試験、実技試験（音楽、美術、保健体育、技術、家庭のみ）、集団面接 2次：出願書類審査、模擬授業、小論文、個人面接、集団討論、適性検査、身体検査結果
	高校	1次：出願書類審査、筆答試験、実技試験（保健体育、音楽、美術、家庭のみ）、集団面接 2次：出願書類審査、模擬授業、小論文、個人面接、集団討論、適性検査、身体検査結果
	特別支援	1次：出願書類審査、筆答試験、実技試験（該当する者）、集団面接 2次：出願書類審査、模擬授業、小論文、個人面接、集団討論、適性検査、身体検査結果
	養護	1次：出願書類審査、筆答試験、集団面接 2次：出願書類審査、場面指導、小論文、個人面接、集団討論、適性検査、身体検査結果

自治体	校種	試験科目
千葉県・千葉市	小学校	1次：教職教養、専門教科、小論文 2次：個別面接、模擬授業、適性検査、実技検査
	中学校（技術）	1次：教職教養、専門教科、小論文 2次：個別面接、模擬授業、適性検査、実技検査
	中・高共通（国語、社会、数学、理科、音楽、美術、保健体育、家庭、英語）	1次：教職教養、専門教科、小論文 2次：個別面接、模擬授業、適性検査、実技検査（音楽、美術、保健体育、家庭、英語のみ）
	高校（書道、情報、農業、工業、商業、水産、福祉）	1次：教職教養、専門教科、小論文 2次：個別面接、模擬授業、適性検査、実技検査（書道、農業、工業、水産、福祉）
	特別支援 養護	1次：教職教養、専門教科、小論文 2次：個別面接、模擬授業、適性検査
東京都	小学校 中・高共通 小・中共通 小・中・高共通 高校 特別支援 養護	1次：教職教養、専門教養、論文 2次：面接（集団面接、個人面接）、実技（中高共通、小中共通、特別支援の音楽・美術・保健体育、英語の受験者が対象。英語は実技試験免除制度あり）
奈良県・奈良市・大和高田市	小学校	1次：教職教養の筆記試験、集団面接Ⅰ（対個人）、集団面接Ⅱ（集団討議） 2次：実技試験（音楽、体育）、教科等専門の筆記試験、小論文、プレゼンテーションシートの作成、適性検査、個人面接（模擬授業含む）
	中学校 高校	1次：教職教養の筆記試験、集団面接Ⅰ（対個人）、集団面接Ⅱ（集団討議） 2次：実技試験（音楽〔高校は募集なし〕・美術・書道〔中学は募集なし〕・保健体育）、教科等専門の筆記試験、小論文、プレゼンテーションシートの作成、適性検査、個人面接（模擬授業含む）
	特別支援 養護 栄養	1次：教職教養の筆記試験、集団面接Ⅰ（対個人）、集団面接Ⅱ（集団討議） 2次：教科等専門の筆記試験、小論文、プレゼンテーションシートの作成、適性検査、個人面接（模擬授業含む）
広島県・広島市	小学校	1次：教職に関する専門教育科目、教科に関する専門教育科目、学習指導案作成 2次：教科等実技（音楽、体育）、模擬授業、面接（集団討論、個人面接）
	中学校 高校 特別支援 （小・中・高）	1次：教職に関する専門教育科目、教科に関する専門教育科目、学習指導案作成 2次：教科等実技（課される教科受験者のみ）、模擬授業、面接（集団討論、個人面接）
	養護	1次：教職に関する専門教育科目、養護に関する専門教育科目 2次：教科等実技、面接（集団討論、個人面接）

自治体	校種	試験科目
山口県	小学校 特別支援（小学部）	1次：教職専門（筆記試験）、教科専門（筆記試験）、特別支援教育専門（筆記試験、特別支援学校志願者のみ）、集団面接 2次：適性試験、小論文、集団面接（模擬授業、討議）、個人面接、音楽実技、体育実技（水泳を含む）
	中学校 高校 特別支援（中学部・高等部） 養護	1次：教職専門（筆記試験）、実技（実技が課される教科の受験者のみ）、特別支援教育専門（筆記試験、特別支援学校志願者のみ）、集団面接（討議） 2次：適性検査、小論文、集団面接（模擬授業、討議）、個人面接
北九州市	小学校 特別支援（小学部）	1次：筆記試験（教職教養及び小学校に関する専門試験）、面接試験・集団面接 2次：面接試験、模擬授業、論文試験、適性検査、健康診断、音楽実技、体育実技、英会話実技
	中学校 特別支援（中学部）	1次：筆記試験（教職教養及び出願した教科に関する専門試験）、リスニングテスト（英語の受験者のみ）、面接試験・集団面接、実技試験（音楽、美術及び保健体育の受験者のみ） 2次：面接試験、模擬授業、論文試験（英語の受験者を除く）、適性検査、健康診断、英語口述試験（英語の受験者のみ）
	養護	1次：教職教養及び養護に関する専門試験、面接試験・集団面接 2次：面接試験、模擬授業、論文試験、適性検査、健康診断
宮崎県	小学校 中学校 高校 特別支援 養護	1次：教職教養試験、専門教養試験、実技試験（小学校、特別支援、中学〔美術、保健〕、高校〔保健体育、書道〕受験者のみ） 2次：個人面接、模擬授業、場面指導・集団討論、実技試験（小学校、特別支援、養護のみ）

資料 11　社会人特別選考のある自治体一覧

注　意

- ◆ 以下の情報は、平成 24 年度要項をもとに作成しました。
- ◆ 以下に挙げるのは、小学校教諭、中学校教諭、高等学校教諭、、特別支援教諭、養護教諭、栄養教諭のうち、高校の職業科の免許を除いたものです。
- ◆ 「特別免許状」取得を前提とした社会人特別選考は掲載していません。
- ◆ いずれも、資格用件として「学校教育法第 9 条及び地方公務員法第 16 条の欠格条項に該当しない者であること」という条件を満たす必要があります。
- ◆ 資格用件に、「普通免許状」とある場合、受験する校種・教科の普通免許状を指します。
- ◆ 詳細については、必ず各教育委員会の募集要項でご確認下さい。

■社会人特別選考（民間企業等経験による特別選考）の資格要件と選考方法

自治体	対象となる校種・教科	資格要件	選考方法
青森県	高校（英語）	昭和 36 年 4 月 2 日以降に生まれた者のうち、以下に該当する者。 ①出願時に民間企業等（私立学校教員や専門学校講師など教育に関連する事業等に従事する者を除く）に正職員として 5 年以上の勤務経験を有する者 ②出願時に実用英語技能検定試験 1 級、TOEIC860 点以上、TOEFL600 点以上のいずれかの資格等を有する者	1 次：個人面接 2 次：面接（模擬授業・個人面接）、適性検査、小論文、実技試験
岩手県	高校（家庭）	家庭の高等学校教諭の普通免許状を有し、かつ「管理栄養士」の資格を有する者（見込可）。	1 次：書類審査 2 次：1 次審査の結果選考された者について、面接試験（口答試問を含む）を行う
宮城県・仙台市	小学校、中学校（国語、社会、数学、理科、技術、英語）、中学・高校（音楽、美術、保健体育、家庭）、高校（国語、地理歴史、公民、数学、英語、理科〔物理、化学、生物、地学〕、養護、栄養	志願する採用校種及び職種別の普通免許（小学校教諭、中学校教諭、養護教諭及び栄養教諭は、専修、一種または二種免許状のいずれか、高等学校教諭は専修または一種免許状のいずれか）を所有している者（見込含）。かつ、出願時において民間企業、官公庁等の常勤の正規職員（小・中学校、高等学校、中等教育学校及び特別支援学校の教育職を除く）であり、現在において 5 年以上継続して同一事業所（系列事業所も含む）に正規職員として勤務している者。	1 次：筆記試験 1（専門教養）、筆記試験 2（教職教養または小論文）、実技試験（小学校、中学・高校音楽、美術及び保健体育の受験者のみ） 2 次：模擬授業、個人面接、適性検査、実技試験（小学校、中学・高校英語・家庭のみ）

— 148 —

自治体	対象となる校種・教科	資格要件	選考方法
山形県	中学校（英語）、特別支援（中学部英語）、高校（英語）	以下のすべてに該当する者。 ①普通免許状を有する者（見込含） ②志望する教科・科目と関連する実務経験（学校教育に直接携わる業務を除く）を5年以上継続して有する者（見込含）	1次：集団討議、小論文、教科・科目、英語実技（英語のみ） 2次：模擬授業等、個人面接、適性検査及び作文
群馬県	小学校、中学校、高校、特別支援、養護	以下のすべてに該当する人。 ①昭和37年4月2日から昭和47年4月1日までに生まれた人 ②現に正規職員として勤務し平成24年3月31日までに、正規職員として、同一の民間企業又は官公庁等（ただし、いずれも教育に関する事業を除く）に継続して5年以上勤務した経験があり、出願する教科等に関する高度の専門的な知識もしくは技能等又は勤務経験等を通して身に付けた優れた経営的能力を有する人 ③普通免許状を有する人	1次：小学校は教科教育法に関する科目、中学校は教科に関する科目と実技、高校は教科に関する科目と実技、特別支援は特別支援教育に関する科目、養護は養護に関する科目 2次：適性検査、小論文、個人面接、集団討論、実技（特別支援を除く）
さいたま市	小学校、中学校、養護	昭和28年4月2日以降に出生した方で普通免許状を有する方（見込含）。かつ民間企業又は官公庁等での正社員又は正規職員として通算3年以上の勤務経験を有する者。	1次：論文試験、面接試験 2次：適性検査、論文試験、面接試験、実技試験
千葉県・千葉市	養護	昭和27年4月2日以降に生まれた普通免許状を有する（見込含）方で以下の両方に該当する方。 ①看護師免許を有する方 ②平成23年4月1日現在で正規採用の看護師として3年以上の実務経験を有する方	1次：小論文 2次：個別面接、模擬授業、適性検査
東京都	小学校、中学校、高校、特別支援、養護	昭和27年以降に出生し、必要な免許状を取得済みの者（見込含）で、民間企業、官公庁、学校等において、平成23年3月31日までに、常勤の職としての勤務経験が、通算して5年以上、又は1つの職場で継続して3年以上ある者。	1次：論文 2次：集団面接、個人面接、実技（中高共通、小中共通、特別支援学校の音楽・美術・保健体育・英語の受験者）
神奈川県・相模原市	小学校、中学校、高校、特別支援、養護	教員普通免許状を所有している人（見込含）。かつ昭和27年4月2日以降に出生した人で、法人格を有する民間企業、官公庁（原則として神奈川県教育委員会、相模原市教育委員会を除く）等で常勤社員・職員（教員を除く）として平成16年4月1日から平成23年3月31日までの7年間に通算5年以上の勤務経験のある人。	1次：教科専門試験、個人面接B 2次：論文、模擬授業、個人面接A、実技（中学・高校保健体育、家庭、技術、音楽、美術、英語のみ）

自治体	対象となる校種・教科	資格要件	選考方法
横浜市	小学校、中学校・高校、特別支援、養護	昭和27年4月2日以降に生まれた人で、教員免許を有する、横浜市公立学校の正規の教諭及び任用期限を付さない常勤講師でない人。かつ、法人格を有する同一の民間企業の正社員又は同一の官公庁等の正規職員としての継続勤務歴が、平成18年4月1日から平成23年3月31日までの間に3年以上（受験区分が中学校数学及び理科の場合は2年以上）の人で、必要とする職歴証明書を期限までに提出できる人。	1次：指導案作成 2次：個人面接、模擬授業、集団面接、論文試験、実技試験（中学・高校音楽、美術、保健体育、英語のみ）
川崎市	小学校、中学校、特別支援、養護	昭和27年4月2日以降に出生した、普通免許状を所有している人（見込含）で、民間企業又は官公庁等において常勤社員・職員（国公立学校の教員経験を除く）として、平成13年4月1日から平成23年3月31日までの間に通算3年以上勤務した経験を有し、必要とする職歴証明を提出できる者	1次：教科専門、小論文A、集団討論 2次：小論文B、実技試験（中学校音楽、美術、保健体育、英語のみ）、場面指導、個人面接
新潟市	小学校、中学校、養護	昭和27年4月2日以降に生まれた人で、普通免許状を持ち（見込含）、民間企業、官公庁、大学又は研究機関等の正規職員として、平成23年4月1日現在で5年以上（原則1ヶ所）の勤務経験がある人。	1次：論文、実技検査（中学保健体育のみ）、面接（小学校・中学校は模擬授業含む）、適性検査、性格検査 2次：実技検査（小学校、養護のみ）、集団活動、面接（場面指導を含む）
富山県	小学校、中学校・高校、特別支援、養護	普通免許状を所有する者（見込含）で、法人格を有する同一の民間企業、官公庁等において正社員または正規職員として、平成13年4月1日から平成23年3月31日までの間に継続して5年以上の勤務経験を有する者。	1次：小論文、個人面接及び専門教科筆答検査、集団面接 2次：教養、適性検査、個人面接、水泳検査（小学校と特別支援小学部のみ）、選択実技検査（小学校と特別支援小学部のみ）
長野県	小学校、中学校、高校、特別支援、養護	昭和27年4月2日以降に生まれた普通免許を有する者（見込含）で、民間企業、教職以外の公務員、NPO等の経験が平成24年3月31日現在で3年以上ある者。	筆記試験（専門）、小論文、面接（集団、個人、複数回実施）、教科により実技あり
愛知県	小学校、中学校	小学校・中学校：昭和27年4月2日以降に生まれた普通免許を有する人で、出願時において、民間企業、官公庁等の常勤の職（小学校、中学校、高等学校、特別支援学校の教育職を除く）にあり、平成23年4月1日現在において、常勤の職として通算5年以上の勤務実績を有する者。	1次：論文試験、口述試験 2次：クレペリン検査、教科専門Ⅱ、小論文、実技試験、集団討論、個人面接

自治体	対象となる校種・教科	資格要件	選考方法
三重県	小学校、中学校、高校、特別支援、養護、栄養	それぞれに応じた教育職員免許状を有する、以下の①～③のいずれにも該当する者。①昭和27年4月2日以降に生まれた人 ②民間企業・官公庁等（国公立私立の小学校、中学校、高等学校、特別支援学校等において教育に従事する場合を除く）に継続して5年以上常勤の職として従事した人 ③社会的信望があり、かつ教員の職務を行うのに必要な熱意と識見を持っている人	1次：小論文、筆答試験（専門）、集団面接（討論） 2次：技能・実技試験、論述試験等、面接試験（集団面接〔討論〕、個人面接〔模擬授業を含む〕）
京都市	小学校、中学校（国語、社会、数学、理科、音楽、美術、保健体育、技術、家庭、英語）、高校（国語、理科、保健体育、英語）、総合支援学校、養護、栄養	以下の生年月日に該当する（小学校は昭和39年4月2日以降、中学・高校・総合支援は昭和42年4月2日以降、養護・栄養は昭和52年4月2日以降）、普通免許状を有する者（見込含）で、自力により通勤ができ、介助者なしに教員としての職務の遂行が可能な者。かつ、平成23年3月31日時点で、同一の法人格を有する民間企業又は官公庁等で正社員または正規職員として、連続して3年以上（休職期間を除く）の勤務実績がある者	1次：個人面接、論文試験、専門筆記、英語リスニング実技（中学・高校のみ） 2次：論文、適性検査、集団面接、模擬授業、実技（小学校、中学校〔音楽、美術、保健体育、英語〕、高校〔英語、保健体育〕のみ）
大阪府	小学校、中学校、高校、特別支援、養護、栄養	昭和41年4月2日以降に生まれた普通免許状を所有する者で、法人格を有する民間企業又は官公庁等での正社員又は正規職員としての勤務経験が平成13年4月1日から平成23年3月31日までに通算5年以上あること	1次：面接テスト、筆答テスト（択一式） 2次：面接テスト、筆答テスト、実技テスト（対象校種教科のみ）
大阪市	小学校、中学校、高校（社会〔地歴・公民〕、数学、理科〔物理・化学共通〕、保健体育）、特別支援、養護	昭和41年4月2日以降に出生した普通免許状を所有する人で、平成13年4月1日から平成23年3月31日までの間に、法人格を有する民間企業又は官公庁等での正社員又は正規職員としての勤務経験が通算5年以上ある人	1次：面接、論文、筆答 2次：筆答、実技（対象校種・教科のみ）、面接
堺市	小学校、中学校、特別支援、養護、栄養	昭和27年4月2日以降に生まれた、平成24年4月1日において免許状を所有する者で、法人格を有する民間企業又は官公庁等での正社員又は正規職員としての勤務経験が平成16年4月1日から平成23年3月31日までに継続して3年以上あること	小論文、専門教養、実技（実技対象校種のみ）、面接

自治体	対象となる校種・教科	資格要件	選考方法
神戸市	小学校、中学校・高校、特別支援、養護、栄養	昭和37年4月2日以降に生まれた、普通免許状所有者（見込含）で、平成23年3月31日現在、法人格を有する同一の民間企業または官公庁等において、正社員、正規職員として継続して3年以上（休職、育児休業の期間を除く）の勤務経験を有する者 ※中学校・高等学校教諭は一括採用のため、高等学校教諭普通免許状のみ所有する者は受験できない	1次：筆記試験（小論文、各試験区分の専門教科）、実技試験、面接試験（集団面接） 2次：面接（場面指導を含む、個人面接）、小論文、実技試験
山口県	小学校、中学校、高校	昭和47年4月2日以降に生まれた、普通免許状を有する者で、現に（出願時点で）民間企業等に5年以上継続勤務する者で、その勤務経験により、出願する校種・教科（科目等）に関する高度の専門的な知識又は技能を有すると認められ、かつ教員の職務を行うのに必要な素養と熱意を有するもの	1次：個人面接、集団面接（討議） 2次：適性検査、小論文、集団面接（模擬授業・討議）、個人面接、実技（小学校のみ）
徳島県	小学校、中学校、高校、特別支援、養護	①昭和37年4月2日以降に生まれた者であって、民間企業等で平成23年3月末現在、5年以上勤務し、その勤務経験により、出願する教科等に関する専門的知識又は技能を有する者。	1次：筆記試験（専門）、実技審査（対象校種・教科のみ）、集団面接審査 2次：論文審査、実技審査（対象校種・教科のみ）、模擬授業（養護教諭を除く）、個人面接審査
香川県	中学校、高校、特別支援	普通免許状を有する（見込含）昭和37年4月2日以降に生まれた者。かつ、民間企業（教育の事業を除く）において通算3年以上の勤務経験を有する者で、その勤務経験により、出願する教科・科目等に関する高度の専門的な知識又は技能を有すると認められ、かつ、教員の職務を行うのに必要な熱意と識見を持っている者。	1次：筆記試験（専門教養）、実技試験（該当者）、面接試験（集団面接） 2次：適性検査、小論文、模擬授業、面接試験（個人面接）
福岡市	小学校、中学校、特別支援、養護	昭和46年4月2日以降に出生した普通免許状を有する（見込含）人で、平成13年4月1日から平成23年5月31日の間に法人格を有する同一の民間企業の正社員、又は同一の官公庁の正規職員として、継続して5年以上の勤務経験がある人。	1次：一般教養、専門教科、論文、適性検査 2次：面接試験、模擬授業、実技（対象となる校種・教科のみ）

自治体	対象となる校種・教科	資格要件	選考方法
佐賀県	中学校（理科、英語、保健体育、技術、家庭）、高校（理科〔物理、化学、生物〕、英語、保健体育、家庭）	昭和27年4月3日以降に出生した普通免許状の所有者（見込含）で、以下のすべてを満たす者。①選考試験実施教科（科目）について、特に秀でた知識・技能を有する者で、かつ教員としての職務を行うのに必要な資質と熱意を有する者　②官公庁、法人格を有する民間企業（教職以外）において、一つの職場で正社員又は正規職員として平成23年3月31日までに5年以上の勤務経験がある者	1次：専門試験Ⅰ・Ⅱ 2次：小論文、適性検査、実技（対象となる校種・教科のみ）、個人面接Ⅰ、体力テスト、個人面接Ⅱ
長崎県	小学校、中学校、高校、特別支援、養護	昭和42年4月2日以降に生まれた普通免許を有する者（見込含）で、民間企業等（私立の小・中・高・特別支援学校を除く）において、平成16年4月1日以降平成23年5月31日までに通算5年以上の勤務経験を有する者。	1次：専門教科・科目、実技又は英会話力テスト（対象となる校種・教科のみ） 2次：適性検査、小論文、個人面接、教壇における課題面接、集団討論、実技適性試験（対象となる校種・教科のみ）
大分県	小学校、中学校	県内のどこにでも赴任できる者で、①から③までの要件をすべて満たす者に限る。 ①志望種別に応ずる教諭普通免許状を現に有している者（見込含） ②昭和46年4月2日以降に生まれた者 ③民間企業・官公庁等において常勤の職（国公私立学校・学習塾・予備校等の教育職を除く）として平成23年6月1日現在5年以上継続して勤務している者	1次：小論文、専門試験（当該教科の実技のみ）、実技試験（中学の音楽、美術、保健体育のみ） 2次：模擬授業、口頭試問、実技試験（小学校、中学の技術、英語、家庭のみ） 3次：面接Ⅰ（集団面接・集団討議）、面接Ⅱ（個人面接）、適性検査（教育公務員としての適性）
宮崎県	特別支援（知的他）	普通免許状を有する者で、民間企業（私立学校、学習塾、予備校等を除く）・官公庁（公立学校を除く）に正規職員として継続して5年以上勤務経験を有する者で、その勤務経験により「特別支援教育教諭等（知的他）」に関する知識や技能が優れていると認められ、教員の職務を行うのに必要な熱意と識見を持っている人。	1次：論文及び面接 2次：個人面接、模擬授業、場面指導・集団討論、実技

資料12　大学院進学者特例一覧

> **注　意**
> ◆ 以下の情報は「平成23年度教員採用等の改善に係る取組事例」をもとに作成しています。
> ◆ 詳細は、必ず募集要項でご確認ください。

■大学院在学者・進学者の教員採用試験の特例のある自治体

自治体	特例の種類			対象となる大学院	詳細
	次年度以降の採用試験における一部試験免除	次年度以降の採用試験における特別選考	採用候補者名簿の登載期間の延長・採用の延期		
北海道・札幌市			○	教職大学院	採用候補者名簿に登録となった者で、北海道内にある教職大学院へ進学する場合は、本人の申し出により登録期間を1年延長する。
群馬県			○	教職大学院	平成23年度採用群馬県公立学校教員選考試験の第2次選考試験に合格した人で、教職大学院へ進学する人、または、教職大学院に在学中の人は、本人が群馬県教育委員会にその申し出を行い、許可を得た人に限り、採用期日を延長できる。
埼玉県			○	国内の大学院	該当する校種、教科の免許状をすでに取得している大学院修士課程1年生に対し、名簿への登載を1年間猶予する。
さいたま市			○	国内の大学院	大学院在学者が修学のため、平成23年4月の採用を辞退し、大学院課程修了の後の採用を希望する場合、市教育委員会にその申し出を行い、許可を受けたものに限り採用候補者名簿登載の有効期限を平成22年3月31日から1年間とする。その場合、平成24年3月31日までに、登載校種の教員専修免許状を取得すること。 ※対象となる校種は小・中
東京都			○	教職大学院	教職大学院への進学を希望する者で受験校種教科の専修免許状取得のために進学する者に対し、名簿登載期間の延長。

自治体	特例の種類			対象となる大学院	詳細
	次年度以降の採用試験における一部試験免除	次年度以降の採用試験における特別選考	採用候補者名簿の登載期間の延長・採用の延期		
神奈川県・相模原市			○	専修免許状取得可能な大学院	受験する校種等・教科の教員普通免許状を所有している人、又は、平成23年3月31日までに取得していること。教職大学院への進学または大学院の修学継続により、受験校種等・教科に関する教員専修免許状を取得すること。以上の要件を満たす採用候補者名簿登載者が教職大学院への進学のため、または大学院在学者が修学継続のため、平成23年4月の採用を辞退し、教職大学院または、大学院の課程修了後の採用を希望する場合は、本人が県教育委員会に申し出を行い、許可をうけた者に限り、教職大学院進学者は2年間、大学院修学継続者は1年間を上限として採用期日を延長できる。
川崎市			○	国内の大学院	大学院の修学により、受験校種・職・教科に関する専修免許状を取得すること。受験校種・職・教科に関する教員普通免許状を平成23年3月31日までに取得していること。以上の要件を満たす大学院進学者は2年間、大学院修学継続者は1年間を上限に、採用期日の延長を認める。
福井県		○		専修免許状取得可能な大学院	一般選考の受験資格を満たし、次の①および②のいずれかに該当する者で、大学院修了時に専修免許状を取得見込みの者に対し、個人面接・適性検査・レポート・大学院修士課程の履修状況(成績証明書)により選考する。①平成23年度教員採用選考試験における採用内定者であって、大学院進学を条件に採用内定を辞退した者。②平成23年度教員採用選考試験において平成24年度大学院修士課程修了時特別選考受験を認められた者。
岐阜県			○	岐阜大学教職大学院	2次試験に合格し名簿登載されたもので、岐阜大学教職大学院に進学する者や現在在学中の者に対し、名簿登載期間を1年延長して採用する。ただし、教職大学院を修了した場合のみ採用する。
静岡県			○	国内の大学院	既に該当校種・教科の免許を取得済みである大学院修士1年生が2次選考試験に合格した場合、名簿登載期間の延長願いを提出すれば、名簿登載期間を1年間延長する。

自治体	特例の種類 次年度以降の採用試験における一部試験免除	特例の種類 次年度以降の採用選考試験における特別選考	特例の種類 採用候補者名簿の登載期間の延長・採用の延期	対象となる大学院	詳細
愛知県		○		国内の大学院	選考結果が「合格」であった人で、受験した区分・教科の専修免許状を取得できる大学院（教職大学院を含む）に進学又は在学を理由として辞退書を提出し平成23年度の採用を辞退した人が下記に示す「愛知県公立学校教員採用選考試験」に同一の受験区分・教科で出願する場合は「大学院進学による採用辞退者に対する特別選考」の資格を有する。 大学院進学者：平成25年度採用試験への出願（修業年限が3年の場合は平成26年度採用試験への出願） 大学院在学者：平成24年度採用試験への出願（修業年限が3年で大学院1年生の場合は平成25年度採用試験への出願）
京都府			○	国内及び海外の大学院	採用候補者名簿登載者で、合格した校種・教科（科目）の専修免許状取得を目的に大学院等に進学する者又は在籍している者に対し、採用候補者名簿登載期間を最大2年間延長し、専修免許状取得を条件に採用する。
京都市			○	国内の大学院	第2次試験を合格し、合格した校種・教科又は職の専修免許状の取得を目指して大学院に進学する者に対し、2年間（特に必要がある場合は3年間）採用を猶予し、当該専修免許状の取得を条件として採用する措置を行っている。
大阪府	○			国内の大学院	第2次選考に合格し、大学院進学または在学中を理由に採用を辞退することを申し出た人を対象に、翌年度、または翌々年度に、特別選考を実施する予定。 ※合格した校種教科の専修免許状を取得できる見込みがあること。
堺市		○		国内の大学院	次の①～③のいずれも満たす人に対し、特別選考を実施する ①選考に合格し、合格した校種等（教科）の専修免許状が取得できる大学院修士課程に平成22年度に進学することを理由に教員採用を辞退したうえで、平成23年度中に同課程を修了すること。 ②①の採用辞退の時点で、2年で同課程を修了する場合は、平成24年度堺市立学校教員採用選考試験の特別選考を受験する旨を別途指定する様式により申し出ていること。 ③教員採用選考試験に合格した校種等（教科）において、大学院修士課程修了時までに専修免許状を取得できる見込みがあること。

自治体	次年度以降の採用試験における一部試験免除	次年度以降の採用選考試験における特別選考	採用候補者名簿の登載期間の延長・採用の延期	対象となる大学院	詳細
兵庫県			○	国内の大学院	専修免許状を取得できる大学院修士課程及び教職修士課程に今年度進学した者もしくは来年度進学する者であって、修士課程修了を希望する者に対し、最大2年間、採用を猶予する。
奈良県			○	国内の大学院	大学院修士課程1年生が、小学校を受験し合格した場合、本人の申し出（平成22年10月31日まで）により、修学できるよう採用を1年間延期する。
和歌山県			○	国内及び海外の大学院	専修免許状を取得できる大学院修士課程に、平成22年度に進学した人は最大1年間、平成23年度に進学する人は最大2年間採用を猶予する。
岡山県・岡山市			○	国内の大学院	①大学院において修学中であり、すでに教諭普通免許状を所有している者で、かつ平成23年度岡山県・岡山市立公立学校教員採用選考候補者選考試験の結果、採用候補者として登録された者が、引き続き大学院での修学を希望する場合は、採用候補者名簿の登録の有効期間を、平成25年3月31日まで延長する。②平成23年度岡山県・岡山市立公立学校教員採用候補者選考試験の結果、採用候補者として登録された者が、岡山大学大学院教育学研究科教職実践専攻（教職大学院）へ進学する場合は、採用候補者名簿の登録の有効期間を、平成25年3月31日まで延長する。
広島県・広島市			○	国内及び海外の大学院	採用候補者名簿登録者であること。出願時に教育職員免許状を取得していること。本人の希望によること。教員としての能力及び資質の向上を目的として大学院等に修学する場合であること。任命権者にその旨の申し出を行い、許可を得た者であること。以上の要件を満たした者に対し、名簿登載期間の1年間延長。※名簿登録期間を延長する期間は1年以内の範囲で認めるものとし、更新を認めない。大学院等には国内大学の研究生または科目等履修生として学業を継続する場合及び海外の大学又は大学院に修学する場合を含む。

自治体	特例の種類			対象となる大学院	詳細
	次年度以降の採用試験における一部試験免除	次年度以降の採用選考試験における特別選考	採用候補者名簿の登載期間の延長・採用の延期		
山口県	○			国内の大学院	採用候補者（名簿登載者）のうち、大学院進学を理由として申出書を提出した上で採用辞退した者が、次のいずれにも該当し、2年後の採用候補者選考試験に同一の志願区分（校種）及び教科（科目等）で出願した場合、平成25年度採用試験における第1次試験の免除をする。 ①平成25年3月31日までに大学院修士課程を修了できること。 ②平成25年3月31日までに同一の志願区分の校種、教科の専修免許状が取得できること。
高知県			○	国内の大学院	すでに免許状を取得していること。大学院修士課程1年生が、採用候補者名簿に登載された場合、本人の希望により、教員としての能力及び資質の向上を目的として、高知県教育委員会にその旨の申し出を行い、許可を得たものに限り、名簿登載期間を1年間延長できるものとする。 ※名簿登載期間を1年間延長する人は、大学院の修士課程を修了すること。
福岡県			○	国内及び海外の大学院	採用候補者名簿登載者のうち、大学院修士課程1年生として在籍する者で、受験教科の教員免許状をすでに取得し、受験教科の専修免許状を取得見込みの者に対し、名簿登載の期間を1年間延長する。 ※名簿登載期間を延長した者について、採用予定日前日までに受験教科の専修免許状が取得できない場合は採用候補者名簿から削除する。
福岡市			○	教職大学院	一般選考の受験資格を満たし、かつ学校教育法の規定に基づく教職大学院を平成23年4月1日から平成24年3月31日までに修了見込みの人を対象に、合格者については、平成24年度の採用候補者名簿に登載する。

自治体	特例の種類			対象となる大学院	詳細
	次年度以降の採用試験における一部試験免除	次年度以降の採用選考試験における特別選考	採用候補者名簿の登載期間の延長・採用の延期		
佐賀県			○	国内及び海外の大学院	大学院等進学希望者又は大学院等1年生で採用候補者名簿に登載された者が、教員としての能力及び資質の向上を目的として大学院等での修学を希望する場合、採用候補者名簿登載期間を延長して修学を保障する。必要と認められる者に対して採用候補者名簿登載期間を最大2年間延長し、大学院等の修了及び専修免許取得を条件に採用する。 ①大学院等進学希望者の場合：試験区分に応じた普通免許状の所有者又は平成23年3月末までに取得見込みの者。平成22年度中に専修免許状が取得できる大学院等を受験する者。 ②平成22年度現在、大学院等に1年生として在籍している場合：試験区分に応じた普通免許状を有する者で、その専修免許状を取得見込みの者。
長崎県			○	教職大学院	教職大学院進学予定者又は大学院1年に在学する者が、本県の教員採用選考試験に合格した場合、名簿登載期間の更新申請を行い、名簿登載の有効期間をさらに1年間延長することができる。 ※名簿登載期間の延長は、次年度に書類及び面接により審査し、決定するものとする。
宮崎県			○	国内及び海外の大学院	出願時に、受験区分に応じた普通免許状を取得している者で、修学継続により、平成24年3月31日までに、受験区分（教科等）の専修免許状を取得する見込みの者を対象に、採用内定者が、教員としての能力及び資質の向上を目的として大学院の修学継続を希望する場合、本人の申し出により、要件を満たした者には「名簿登載による1年間の採用延期」を認める。

得られるというのは広く知られていると思います。けれども、「高校卒業資格認定試験」を受験しなくても、この特修生という制度を利用すれば、いきなり大学や短期大学に進学して、その卒業資格や教員免許を取得することも可能なのです。つまり、高校を中退した方にも、教員になるためのチャンスは開かれているのです。

　また、こちらは教員免許取得に関してではありませんが、多様な進路を支える制度という点でいえば、高大連携の取り組みの一つとして、高校生が科目等履修生という形で大学の授業を一部履修し、単位を取得することもできます。この単位が大学進学後に認定されるかどうかは、進学する大学によって異なってきますが、単位が認定されなくても、高校生のときに大学の科目を一部学んでおくことは非常に有意義なことだと思います。
　高校生にとって、高校の教科にない大学の学科は、イメージしづらいものです。「心理学」は性格分析や相性占い、「社会学」は社会科の延長、英語学は英会話？　その程度のイメージで、進学する大学の学科を決めてしまい、そのために、ミスマッチが起こってしまうことが少なくありません。
　進学先を決めるにあたって、大学の科目を少しでも学習し、その学問の入り口に触れておくだけでも、有意義な進路選択が可能になるのではないでしょうか。このような意味で、高校生が大学の科目等履修生として大学の科目を一部学習することには、非常に意義があると思うのです。

　このように、一般にはあまり知られていない教育制度でも、活用のしかたによって、いろいろな可能性が開けてくるのです。
　機会があれば、このような情報を、他にも発信していきたいと考えています。

　本書の刊行にあたっては、中央ゼミナールの宍戸ふじ江ステップアップサポート部部長には大変お世話になりました。刊行のきっかけをいただいたこと、そして、執筆の際には多くの有益な助言をいただいたことに感謝申し上げます。
　資料編成にあたっては、同じく中央ゼミナールステップアップサポート部のスタッフの皆さまのご尽力をいただきました。細かな数字の確認や各教員委員会

への問合せ等、煩雑な仕事を丁寧に進めていただきました。ありがとうございました。

　また、オクムラ書店の皆様、特に遠藤真深様には、並々ならぬお力をいただきました。執筆が遅れ大変ご迷惑をおかけした上に、不十分な原稿、細かなデータ……遠藤さんのお力なしには、この本は刊行することができなかったと思います。心よりお礼申し上げます。

　この本が、読者の皆さまのお役に立てば幸いです。

中央ゼミナール講師　高橋幸恵・橋本健一

著者略歴

高橋幸恵（たかはし・さちえ）
千葉県香取市生まれ。フリーでアナウンサーやレポーターも務める。
「FM たちかわ　早稲田ラジオスクール　キャリア講座　ゼロからだって『教師』になれる！―教員免許取得＆採用試験ラジオ NAVI」のナビゲーターも務める。

- 学歴
  - 一橋大学大学院社会学研究科社会問題・政策専攻博士後期課程単位取得退学
  - 自由民主党中央政治大学院修了
- 現職
  - 星槎大学キャンパスディレクター
  - 自由民主党国立中央政治大学院　教授
  - 早稲田ラジオスクール　校長
  - 中央ゼミナール　講師
- 連絡先
  - takahashis@toki.waseda.jp

橋本健一（はしもと・けんいち）
広島県大崎上島町生まれ

- 学歴
  - 桜美林大学大学院国際学研究科大学アドミニストレーション専攻修士課程修了
- 現職
  - 早稲田ラジオスクール　早稲田大学インキュベーションセンター内事務所　所長
  - 自由民主党国立中央政治大学院　教授

ゼロからだって「教師」になれる！
～教員免許取得＆採用試験合格 NAVI～
ISBN　978-4-86053-111-9　C2037

著　者	中央ゼミナール講師	高　橋　幸　恵
		橋　本　健　一
発行者		佐　藤　民　人

発行所　オクムラ書店
〒 101-0061　千代田区三崎町 2-12-7
電話　東京 03 (3263) 9994
振替　東京 00180-5-149404